AF245220

LA
FRANCE
ET L'ARMÉE

SITUATION ET SOLUTION

PARIS

Chez CHALLAMEL, LIBRAIRE DE LA GUERRE ET DE LA MARINE

Rue Bellechasse, 27, et rue des Boulangers, 30

1874

Bordeaux. — Imp. A. Pérey, rue Porte-Dijeaux, 43.

LA FRANCE ET L'ARMÉE

AU MARÉCHAL PRÉSIDENT

Qui donnera l'ordre à l'armée

Quand un navire traîne au milieu des brisants, tout y est solennel comme le danger et la mort. Prenant à la lettre, Monsieur le Maréchal, ces paroles de vos ministres « que ceux qui veulent réorganiser l'or- » dre social sous la présidence de l'illustre Maré- » chal... sachent qu'ils seront résolument soutenus et - » défendus. » Je réponds à l'appel du Pouvoir avec l'expérience des cinquante ans de révolution que j'ai vus passer, et qui ont amassé sur l'heure présente toutes les intempéries de l'histoire.

Les déchirements de la Patrie irritent la faim des bêtes de proie qui souillent de leur banquet nos frontières : que le moment est bien choisi pour brocanter sur l'autel de nos dieux les vases sacrés regorgeant du sang de la France !

Je sors des rangs, Monsieur le Maréchal, et je relève le drapeau des idées ; prêt à le rendre à la première

main qui s'avancera pour le saisir. Je viens offrir au
Pouvoir, non par fantaisie littéraire, quand les lettres sont mortes, mais pour défendre la Société sur
la pierre de mon foyer ; je viens offrir au Pouvoir
la généalogie de l'histoire qui implique la doctrine
des Pouvoirs et l'organisation de la Démocratie. La
main qui tua la Restauration a tué la famille et brisé
le foyer que je défends ; la main qui a jeté dans la
boue le trône de 1830 a saccagé l'héritage. Le dernier régime avait promis justice, et commencé la
réparation, quand le souffle d'Attila balaya la France.
« Six militaires ont donc versé leur sang à côté de
» vous, Monsieur le Maréchal : en Afrique, en Cri-
» mée, en Italie, à Metz, à Sedan ». Leur famille, brocantée comme un enjeu électoral, était dévorée
corps et biens dans un repaire juridique. « Depuis
» 40 ans, dit un jour aux coupables, un moine, chef
» de mission, vous dévorez une famille d'honnêtes
gens ». Et après un demi-siècle de déportements
politiques, les mêmes hommes qui avaient élevé le
brigandage par la prévarication à la hauteur d'une
théorie sociale, sortent de terre pour régénérer le
pays ?

La France est véritablement par terre ; mais ce
qui nous console à demi, c'est que l'Europe n'en est
pas aux épithalames. Le droit de la force, dans les
mains d'un peuple forgé en engin de guerre, c'est
la mise en demeure pour chaque peuple voisin de
changer les conditions de son existence, ou de subir
la loi d'un peuple qui ne veut pas de loi.

Le crachement du soldat romain à la face du
Christ est monté plus haut. Un peuple officiellement
athée, déclarant le néant de l'ordre moral, et

prenant le haut bout de l'humanité, sinon l'Empire de l'Europe, c'est la preuve que le dernier degré des renversements humains est atteint. Philosophes, poètes, savants, législateurs, qui fîtes de la France le chef-d'œuvre de la civilisation, où sont vos œuvres? La lie de la civilisation est montée à la surface du fleuve. Les *lieux infâmes,* refluant au fronton de l'édifice, en dessinent les arabesques.

Ainsi, l'ère de sang est ouverte, et la civilisation est aux carrières. Le Code du bagne est devenu le cathéchisme des nations. La loi premièrc des peuples civilisés est renversée. Ce n'est plus la paix, c'est la guerre; l'Europe est un camp; l'homme, une bête de proie. Blucher, aviné, donne du talon de sa botte sur le front de nos muses. Bismarck, curateur au ventre de la France en travail, attend, brûle-gueule aux dents, dans la chambre à coucher de la reine des poètes, quels seront le sexe et la qualité de l'enfant qui va naître, pour jeter à l'eau, si besoin est, pour le salut du monde, la mère et l'enfant. De quel avenir le nuage sanglant qui barre l'horizon sera-t-il l'aurore?

Le maréchal Ney, partant pour Waterloo, disait, dans une réunion d'adieu : « Nous aurons quelque » chose qui dépassera les grandeurs de la Républi- » que romaine. »

C'était le rêve du maître : — Je vois venir un siècle plus grand que celui de Louis XIV, — photographié dans la pensée de ses lieutenants. Quel est donc, Monsieur le Maréchal, ce patrimoine national où germe l'avenir de l'humanité? La France est chrétienne, classique et légale, ou mère des lois modernes, par le triple héritage qu'elle a charge de reconstituer. Qu'ont fait de l'héritage classique les doctrinaires de révolutions ! Quand l'Europe nous demande compte du patrimoine de la civilisation fondé à frais communs ; quand elle cherche la justice de saint Louis ; la raison de nos poètes ; la lumière de nos grands siècles ; la droiture de nos législateurs ; qu'avons-nous à lui offrir? Des catholiques qui font de la crèche un comptoir ; des royalistes qui font de l'histoire une chausse-trappe ; des constitutionnalistes qui font un bagne du prétoire et du forum ; une cohue de rongeurs effarés de peur et dévorés de faim qui crient et s'agitent furieusement dans les fondements mis à nu d'un édifice en ruine.

En s'appuyant dans un moment de détresse sur l'armée et son chef, l'Assemblée ne les a pas fait mineurs en présence d'une autorité souveraine. C'est le bras de la Providence qui, en livrant à leur destinée les ennemis inconscients ou réfléchis de Dieu et des hommes, a ramené le peuple initiateur aux sources premières de sa vertu. La Babel féodale, en s'écroulant, a laissé la France retomber sur ses traditions pour y reprendre vie. Car la plus profonde couche de nos traditions, c'est l'honneur et la chevalerie ; la première incarnation de la foi dans la liberté. Le chevalier a produit le poète, lequel a donné pour fruit le citoyen. Qu'on cherche dans la généalogie de l'histoire, l'origine et le progrès de nos institutions : elles sont liées à la génération du *vrai,* du *beau* et du *juste,* par la religion, les arts et les lois.

C'est donc un pacte d'honneur qui fut conclu le

24 mai, entre l'Assemblée et l'armée représentée par son chef. Il fut entendu par ce pacte que l'armée ne serait plus le jouet d'une politique anti-nationale. Son courage exploité par la lâcheté; l'honneur, par la bassesse; le patriotisme, par les gloutonneries du *chacun pour soi*. Par ce contrat politique, les partis se sont engagés à retrouver les bases de l'ordre social avant d'inaugurer un nouvel ordre politique; à reconstituer l'autorité, avant de refaire le pouvoir; à rentrer dans la vérité des principes, avant de prendre le gouvernement des intérêts. Les principes sont frères; les passions et les intérêts les font ennemis entr'eux. Où sont les moyens de gouvernement sur le terrain des partis? Si aucun des trois groupes qui ont fait la convention de mai ne s'est trouvé capable de faire, à lui tout seul un gouvernement, de quel droit s'imposerait-il au pays comme formulaire social et tutelle publique? Un parti au pouvoir, c'est la France sur le lit de Procuste; et c'est de là qu'on prétend tirer la justice universelle et la formule de la *fraternité politique* dont l'heure a sonné? La politique vaut, et le pouvoir, par les principes qui les nourrissent, non pas contr'eux. L'Assemblée est souveraine, par les éléments de souveraineté qu'elle emprunte à l'autorité chrétienne et classique. Elle est souveraine, par la raison générale incorporée aux lettres et à la religion, non par la raison individuelle et la doctrine du *chacun pour soi*. Souveraine, par les vérités primordiales qui sont éternelles; par le culte impérissable qui les applique, le culte du *beau*; non par les passions et les intérêts exclusifs, fils et pères des révolutions, et qui passent avec elles. La vo-

lonté nationale n'est pas un produit du hasard ou une affaire de marchandise au poids de l'or et des consciences; c'est la mise en commun des lumières sociales, de l'instinct social que tout homme porte dans son âme. La volonté nationale, c'est la volonté du génie et de l'expérience; c'est la religion dans les lumières; les arts et les lettres avec la liberté dans la religion : toutes nos institutions sont là. C'est la volonté collective née du droit commun et de l'égalité civile; celle-ci appuyée sur ses deux ancêtres.

Mais quand le dogme religieux est scindé comme le voile du temple, où est l'autorité religieuse, et que peut l'Assemblée, pour et par la catholicifé? Quand les lettres sont noyées dans ce réalisme athée et brutal qui les fait serves de l'agiotage, que peut l'Assemblée sur l'opinion par les idées? Que peut-elle par les principes, quand ils sont sans commerce de culte avec la puissance organique qui leur donne titre social et vertu d'édification : l'autorité classique? Que peut l'assemblée pour le relèvement de la France quand la matière sociale n'est pas retirée du chaos? L'Assemblée a-t-elle la prétention de supprimer la France du génie et des arts; les temples, les musées, les églises, les synagogues? Eh bien! cette France là, c'est le monde classique et le monde chrétien : c'est le droit commun. Trouverait-elle bon de céder à la Prusse nos académies de Rome, et de brûler le Vatican qui les nourrit? Eh bien? Rome et le Vatican, c'est l'égalité par l'esprit et l'é-galité par la forme. Entre ces deux pôles, la Société, pressée comme le fer brûlant entre le marteau et l'enclume, jette ses scories, et marche à ses formes naturelles et définitives.

MM. Guizot, Broglie et Talleyrand ont reconnu que les dix ans de paix d'Henri IV, et les années du Consulat sont le plus magnifique épanouissement de vie qui éclate sur la surface de l'histoire. A qu'elle cause rapporter ces prospérités non encore renouvelées? C'est l'alliance des traditions avec la liberté, du christianisme et des lettres qui donnait ses premières floraisons. L'ère de la fraternité politique jetait à l'horizon les crépuscules de son aurore. « Ici « commence une ère nouvelle dans les dessins du « monde (1). » Et c'est en rompant avec toutes les forces morales qui ont fait les grandeur de la France, que vous prétendez relever un siècle croulant ?

Je défie les partis exclusifs d'accorder leur politique avec aucun des principes vivants de la tradition et de la liberté. Je les défie de prouver qu'ils sont en commerce d'idées et de culte avec les travaux des siècles qui nous portent.

Or, quand on n'a pas pour soi les forces morales de la nation, nécessité est de gouverner par la solidarité du mal ; les passions, les abus, l'improbité, la bassesse, tout le ban et l'arrière-ban des bandits et des forçats honoraires qu'on vit surgir à l'horizon, avec la bannière qui portait en lettres d'or la légende du siècle : « Nous ne devons pas la justice « à nos adversaires politiques. » Mais quand on prend poste aux antipodes de la justice, on se trouve au seuil des révolutions. La révolution

(1) Avait dit le plus grand génie de l'Allemagne.

n'est pas de vouloir le progrès préparé par les siècles, c'est la résistance qui les enraie : la doctrine qui les combat ; l'opposition qui les renverse.

Quelle nécessité de salut public nous oblige, Monsieur le Maréchal, à subir le vol et l'assassinat au seuil de la loi ; à subir des écrasements au prix de quoi le 93 qui roula nos aïeux du foyer au pied de l'échafaud nous serait un âge d'or ?

« La société telle qu'elle est n'existera pas » ont dit chacun dans sa langue les maîtres du dix-neuvième siècle. La révolution n'est pas une lutte entre un monde de justice, et une société de violence et d'erreur : c'est une guerre latente entre la société magistrale qui mène le monde, — la démocratie chrétienne et classique — et les privilégiés qui ne veulent pour loi que leurs quatre volonté. Mais si les partis se déclarent impuissants, par leurs propres dissidences, si le résultat de leurs discordes c'est de refaire le parti qui *pille, déshonore* et *corompt*, l'anarchie universelle qui a fait de la France de 1830 le jouet des agioteurs et des *loups-cerviers*, où est le titre du pouvoir ; où est le drapeau de l'armée ? Qu'un gouvernement de loups se recompose — loup-cervier fut le nom de baptême du chacun pour soi.— Qu'une politique à base de brigandage, prenne en mains le gouverment de la société, vous à la tête de l'armée, Monsieur le Maréchal ; où irez-vous ? Où irons-nous, si, les mêmes causes produisant les mêmes effets, une nouvelle révolutiom du mépris, jetant le pouvoir à bas, l'armée se retrouve à l'improviste un contre cinq (1), en face

---

(1) « L'armée de Mac-Mahon se composait de 94,170 hommes d'in-

d'une marée débordante de Tartares ? Où trouverez-vous la ligne du devoir et le drapeau de l'honneur ? Où chercherez-vous la France ? Où est-elle depuis un demi siècle ?

Où était la France quand Louis XVI jurait une Constitution ; que ses frères armaient l'Europe contre elle ; et que Philippe Égalité cherchait l'avenir sur l'océan de feu où il devait s'engloutir ?

Où était la France, quand Louis XVIII ne voulait qu'un peuple à régir, et que le comte d'Artois, qui en voulait deux, sollicitait de l'étranger la force armée pour appuyer sa politique ?

Où était la France, quand Charles X, ne voulait que sa place au parterre, et que le féodalisme reverdi dans le sang et le génie de la nation, faisait barrière à l'océan des idées qui montait ?

Où était la France, lorsqu'un Condé commandait contre la mère patrie, une armée soudoyée par l'étranger ?

Où etait-elle, quand un autre Condé s'apprêtait à rejoindre dans l'exil Charles X, tombé du trône (1) ? Où était-elle, pour A. Carrel, quand il combattait dans les rang des libéraux espagnols contre une armée française ?

Où était la France, quand Marmont et Bedeau voyaient, d'un côté, un pouvoir emporté par l'orage,

« fanterie (dont plus d'un tiers ne donna pas) et 8,100 cavaliers. « Voilà qui osait se présenter devant notre armée composée de 500,000 « hommes (le *Kpiegzseitung*. »

(1) J'étais à St-Leu et je passai dans la maison du prince très peu après la révolution de juillet. Le prince allait partir, pour rejoindre Charles X, un accident de chasse avait seul retardé son départ : disaient les familiers de la maison.

de l'autre, les troupes vacillantes avec un drapeau déchiré par la révolution ?

Où est la France de cette heure au milieu de cette Babel qui vient de crouler sur la tête de ses auteurs ? Quel serment doit engager, à la vie, à la mort, l'honneur militaire ? Quel pouvoir a qualité *pour* dégager l'armée de son serment? Où est la justice, la vérité du pouvoir, la volonté nationale? L'Assemblée ? mais elle même proclame son impuissance, « qu'est-ce qu'une majorité d'équivoques et de « sous-entendus ? Q'uest-ce qu'une majorité conser- « vatrice qui n'est ni légitimiste, ni orléaniste, ni « bonapartiste, ni républicaine ; qui laisse place à « toutes les piperies, à toutes les défections (1). » Et si, dans le démantellement des forces nationales et le désarroi de la politique, l'armée se trouve mise en demeure de penser et d'agir pour la nation ; si dans l'effroyable confusion où la rage ambitieuse et la folie des partis ont plongé la France, quand toutes voies sont brouillées ; toutes doctrines déboutées ; tous horizons noirs, et qu'il s'agit, pour trouver son chemin, de résoudre à la fois tous les problèmes de l'histoire ; alors, Monsieur le Maréchal, si l'armée hésite, si son chef ploie un moment sous le poids des siècles; s'il cherche en vain, dans un ciel noyé d'orages l'avenir légitime du lendemain ; s'il cherche l'âme de la nation, la volonté publique et le pouvoir capable de la faire parler, et qu'il ne trouve rien, c'est lui qu'on accusera ?

La société n'est plus qu'une Herculanum englou-

(1) L'Union.

tie sous la lave. Le temple et le lupanar mêlent leurs secrets à la voirie. Les vases d'airain et les ustensiles de cuisine, St-Louis et Trestaillon, Napoléon et Mayeux, roulent pêle mêle à l'égoût ; et les tableaux de Raphaël, face en bas, coiffent des meubles infâmes ! Où sont les frontières du bien et du mal ? où est la légitimité politique, quand la légitimité sociale est sans charte et sans drapeau ? Parce qu'un chef d'armée n'aura pas trouvé la France, quand la France des siècles est mise en pièces sur le carrefour, ce chef sera traître envers la patrie ; et nos frères nos enfants seront dans les mains d'un traître, pour avoir, avec lui, versé leur sang, et gardé la fidélité au drapeau ? Vous, criminel, M. le Maréchal, parce que vous aurez hésité sous le fardeau qui écrasa Louis XVI et Napoléon ; Charles X, Louis-Philippe, non moins que la Convention, et ses bâtards ? Criminel et traître, parce que vous n'aurez pas su trouver, entre ces monarchistes qui s'entre-déchirent, ces républicains qui s'entre-dévorent, ces bandes affamées de loups, (le chacun pour soi) qui engloutiraient le monde si leur ventre avait la capacité des mines de l'Australie; parce que vous n'aurez pas trouvé au milieu de ce déchaînement effréné d'ambitions béantes à la curée, la religion, la doctrine, le symbole, le drapeau qui porte dans ses plis les forces vives de la nation et les destinées de l'avenir ? Criminel et traître, parce que vous n'aurez pas réparé d'un coup d'épée un siècle et demi de corruptions et de discordes ? Et qui vous jugera, vaillants hommes, qui sentez la poudre ? Les hommes qui ont perdu la France chrétienne ; déshonoré la France des lois ? Ces philoso-

phes d'estaminet, qui ne savaient pas, en 1815, — c'est
M. Quinet qui le dit — ce que c'était que la liberté ;
et qui reprochent au 18 brumaire d'avoir remplacé
le tohu-bohu de leur tapis-vert, par le Code civil ?
Ces tripotiers de coulisse qui se sont fait une indus-
trie de *tripoter dans leurs sales et petites mains le
sort des plus grands hommes et des plus grandes
choses de l'histoire* ? Qui vous lapidera, chef de l'armée ? Les héritiers des traitants et des ventrus ? Les
patriotes qui chaussaient de carton nos soldats.
couvraient leurs épaules de serpillière en guise
de tunique ; et les nourrissaient de farines avariées?
Les héros de *fumoir* qui *tablaient sur les revers de
la France*! « Je prends mon bien où je le trouve » sa-
blant le *madère* et le champagne, quand notre sang
coulait à flots pour laver les corruptions politique
dont l'armée a les mains pures ; je défie ses adversaires de le contester ? Voilà quels hommes seront
vos juges, et nos juges ? Ils nous décréteront de
prise de corps et nous taxeront d'infâmie, ces héros
annexés du bagne? Bagne vivant eux-mêmes, cro-
cheteurs de lois et corrupteurs de gouvernements,
que manque-t-il à leur patrimoine d'infâmie ? On
veut à l'armée, un rôle passif? qu'on lui propose
une direction, nationale, et la main d'un pouvoir
digne d'elle, pour la conduire. Qu'on lui montre,
dans l'avenir politique qn'on poursuit, les fructifications du passé. Qu'elle voie dans la doctrine du
pouvoir qui prétend à l'empire, l'honneur, le génie,
les croyances de raison qui ont fait de la France la
patrie reine de la civilisation. que les partis s'en-
tendent et trouvent l'assiette de la politique moderne ; qu'un seul des trois se montre semblable à

son principe, il sera de plein pied avec la légitimité centrale de la nation. Les principes sont frères, les passions seules les font ennemis entr'eux. Que les partis de l'Assemblée transigent ; non par des conspirations souterraines ou les petites manigances des caducs d'autre fois : mais par des actes publics, présentables à l'Europe, comme il convient à la présente situation du monde. Qu'il basent leur gouvernement à venir sur le passé vivant de l'histoire ; qu'ils montrent, devant eux ouvertes, les voies de l'avenir. Et que chacun des trois symboles qui groupent toutes les forces vives de la nation, se montre avec sa légitime part de pouvoir dans la situation transitoire qui doit préparer le grand plébiscite de la nation. C'est le moyen de prouver à la France et à l'Europe qu'il y a dans l'Assemblée actuelle, en fait de partis et d'honneur politique, autre chose que les conspirateurs qui l'exploitent depuis près d'un *siècle*.

Le génie franchit les abîmes et parfois y tombe, pour avoir tenté de traverser un peuple dans ses bras. La fourmi descend dans le gouffre, et remonte, enseignant la route à ses pareils. C'est ce chemin, Monsieur le Maréchal, qu'il s'agit d'enseigner au peuple, pour l'arracher au despotisme des passions, et aux praticiens politiques qui en vivent (1).

---

(1) Et puisque je suis le grand chemin qui crie au secours contre le grand chemin qui extermine ; puisqu'il s'agit de prouver qu'avec le *statu quo* social il n'y a pas un pouce de terre où l'honnête homme puisse tenir debout, je fournis mes preuves : voir aux pièces justificatives.

Où en sommes-nous ?

PHILOSOPHIE DE L'HISTOIRE

« C'est à Paris, a dit un journal républicain, à
« conduire la France où la veut l'histoire de la na-
« tion. » Un philosophe radical ajoute ; le dix-neuvième siècle est l'âge de l'histoire impartiale et de
la critique désintéressée (1). Je vais fouiller les
bases de la civilisation pour retrouver les fondements et le plan de l'édifice qui a disparu sous les
ruines.

Mais l'histoire de France n'est pas le sillon de
ravages qui, sous les pieds de Tamerlan, fit un
grand chemin de sang entre l'Europe et l'Asie. Où
donc a commencé l'histoire? Le point de rencontre
entre l'infini et l'atome; l'horizon où le soleil se
lève, le soleil des âmes, *Ecce Deus;* où l'homme re-
connaît son auteur et répond : moi! où sont-ils?
Un autre écrivain radical va nous le dire :

« Chaque fois que l'humanité éternellement pro-
» gressive voudra se faire une idée approchée du
» *beau* absolu, c'est à la Grèce qu'elle le deman-
» dera. » — PROUD'HON.

L'histoire commence donc quand le Dieu de David
s'assied sur l'autel du Pirée, pour regarder le
monde avec les yeux d'Homère. Alors la vérité naturelle prend corps ; le *vrai* devient le *beau,* qui
deviendra le *juste,* ou l'égalité civile, expression de
la conscience universelle; et s'ouvrent aussi ces ca-

(1) Vacherot.

taractes du génie poétique qui seront le Nil de la civilisation.

Ainsi la vérité parle aux juifs par le Décalogue; elle prend visage d'homme chez les Grecs, et vient, à Rome, dégagée des symboles mythologiques, se faire Peuple et Pouvoir. En Judée, le drame de David; en Grèce, celui d'Hélène; à Rome, les tragédies de· Lucrèce et de Virginie, prouvent l'unité de la loi morale qui régit l'humanité, et l'unité du Dieu personnel qui se cache derrière la toile de la création.

L'histoire arrive, avec la politique et fait, des principes de la croyance humaine, le lien des nations. Alexandre soumet l'Orient à la Grèce; mais c'est pour relier la muse d'Homère à son ancêtre d'Israël. Et le dernier rayon du génie grec parti d'Alexandrie, éclairant les profondeurs du temple classique, donne la philosophie de l'art, et rend à la poésie sa descendance divine : *Splendor veri.* Creusez les fondements de l'autel du Pirée, vous y trouverez la Bible. Alexandre remue l'Orient; le Dieu d'Homère perce les ombres mythologiques, et porté par le Verbe-Roi de la pensée, devient le flambeau des croyances et des idées. Il emporte la Bible dans ses flots, et dépose la vérité naturelle sur toute la surface de la terre. Le vieux monde s'écroule, en mêlant les débris de ses temples. Le Dieu de Socrate et le Dieu de la Bible fait unité d'être avec le Dieu de la crèche, dans la pensée de Constantin; et la loi romaine, fille du même lit que la poésie vient· se ranger à la généalogie classique. Les trois cultes dont se compose la religion naturelle viennent donc s'asseoir à ce sanctuaire, que le génie philosophique de Rome avait bâti pour toutes les religions de la terre. Mais la vieille Rome a disparu, avec l'empire de la force.

Première étape de l'avenir, la Rome nouvelle commence le mélange des cultes sous la main des apôtres et des martyrs. Toutefois le roi des cultes garde sa couronne ; et le verbe grec prend la tête des grandes liturgies. Il ouvre la marche de la panathénée catholique ; annonce la solennité dominicale, et le jour sacré par excellence de l'année chrétienne, quand la croix se dévoile, et que le prêtre salue, non pas le crucifié, mais le Dieu de la création qui s'est donné, par l'Évangile, une révélation nouvelle ; dans quelle langue est articulée l'adoration de la croix? Dans la langue du génie qui fit connaître à la terre, et donna pour jamais à Dieu son titre et son nom : *O Deos athanatos.* Et de cette épousaille de la matière classique par le génie chrétien, sortiront toutes les révolutions et les pouvoirs nouveaux pour qui sera renouvelée la face de la terre.

Ainsi s'expose l'histoire ancienne, comme témoignage de Dieu. Le Prophète inocule la vérité au monde, et fonde le culte de foi ; le poète fait de la vérité un phare, visible à toute la terre ; et fonde le culte du *beau,* ou de la raison ; le législateur l'assied au foyer, règle des intérêts, et fonde le culte de la loi. Notre histoire, triple regain des cultes antiques, remet en scène, par trois renaissances, tout ce qu'il y eut d'immortel dans l'humanité. Aristote fut et devait être la puissance organique du Moyen-Age ; Homère, de la renaissance ; et le droit romain porte les assises de l'édifice couronné en 89, mais non pas encore approprié aux besoins de ceux qui doivent l'habiter.

Mais si l'homme antique porte la puissance organique de l'ordre social, il n'est pas l'âme et le promoteur du progrès. Ce n'est pas Aristote qui porte Abeilard, c'est Abeilard qui crée le chantier de la philosophie moderne; et renouvelle à la fois le monde réel et le monde idéal, la famille et la philosophie. Saint Louis prend le drapeau de l'indépendance philosophique, et transporte dans la politique l'autorité de la raison. « non ferai-je, évêque, ce » que vous voulez, car ce n'est justice. »

Première renaissance : l'autorité classique se fait maîtresse à titre dogmatique; et dicte à l'Europe ses leçons. Professeur, ménestrel, chevalier, la liberté jette au vent ses rêves et ses mélancolies; ses sarcasmes et ses colères. « Un grand vilain entr'eux » élurent... » Et ces chansons, à la barbe du plus âpre despote du Moyen-Age. Ce Moyen-Age, aussi connu de nos jours que l'Océan où se pêchent les perles, chercha le vrai plutôt que le *beau;* il chercha la raison dans la foi. Ces deux choses réconciliées par la philosophie, et constituées en pouvoir par la politique, donnent le germe de la civilisation renouvelée. Le germe couve pendant trois siècles dans un sol trempé de sang, pour éclater, à la fin de la guerre de cent ans, par l'appel aux trois ordres : premier vagissement de la Fraternité politique.

Qui donc fut l'âme des travaux de la France pendant le Moyen-Age et le promoteur du progrès?

Sous Charles V, la science; « tant que science florira »... s'annonce comme la maîtresse du pouvoir. Sous Charles VI, la loi romaine déchire le traité de Troyes. Sous Charles VII, le droit romain commence la rédaction des coutumes barbares. Sous Charles VIII, la muse qui se lève à l'horizon de l'Ausonie, attire à soi la liberté française pour lui tendre sa mamelle; et la France répond : « Voilà l'Orient, j'y vais. » *L'homme s'agite...* Les causes secondaires des guerres d'Italie ne furent qu'un accident politique. Le véritable promoteur de ces guerres, c'est la réciproque sympathie de la France et de Rome, l'une pour l'autre. Sous Charles IX, la muse, domiciliée à nos foyers, parle en reine : « Tous deux également nous portons des couronnes; » mais, roi, je la reçois, poète, tu la donnes. »

Sous Charles X, l'alliance de la religion et de la liberté pénètre dans la conscience de l'Europe ; et le frémissement uuiversel de la société pensante et de la société croyante annonce les approches d'un monde nouveau. L'Europe reçoit la manne du génie franco-latin, et le monde grandit. Et depuis François 1er il reste entendu que les artistes qui fond des œuvres immortelles peuvent traiter de pair à pair avec les rois. Voilà la force qui transforme les peuples, la double autorité classique et chrétienne, *mons agitat molem.* Le pouvoir n'est qu'un instrument dans ses mains ; mais le monde qui finit et le monde qui commence avec le génie antique ne se rencontrent pas sans orage.

Du heurt des lumières antiques avec les brouillards de la Germanie jaillit la foudre. La mâchoire de l'ogre était de la partie. Que voulait Luther, de prime abord, à propos d'indulgences vendues ? Ce que poursuivaient en France les lansquenets de 1870.

« Ici quand vous grattez la terre, vous trouvez l'or
« et l'argent ; quand nous creusons le sol, nous
« avons l'eau, le sable et la pierre (1). » Le génie
et les entrailles de Bismark sortent à ses ogres par
la bouche.

L'Allemagne n'a pas mission de commenter l'antiquité ; et faute de la comprendre, elle trouve plus
facile de ravager les fruits de son génie. Ne voyant
dans l'exposition romaine que Leda et Pasiphaé,
elle repousse, en frémissant, la marâtre qui prétend
enchaîner le monde à la galère de Babylone ; et le
chaos devient pire sous Luther et les anabaptistes
qu'a l'époque des Manichéens.

Descartes se lève, le drapeau d'Abeilard à la
main : « Je pense, et je pense sans toi, dit-il à
l'empirisme traditionnel, donc la lisière n'est pas la
conduite nécessaire de l'homme.

Comme Saint-Louis avait transporté dans la politique le principe du philosophe de son temps, Henri
IV consacre la liberté, dans sa nouvelle entreprise.
Où va donc le philosophe de la renaissance ? Il va
où l'appelle le flambeau universel de la raison. « Je
« quittai mes maîtres, pour le grand livre du mon-
« de. » Dès ce moment, la liberté d'Abeilard devient
un fait complexe et concret : la liberté est orientée à
ses fins légitimes : l'autorité naturelle, antérieure et
supérieure, visible dans le livre du monde. Mais
l'étude du monde n'est plus à faire ; Homère l'a
traduit une fois pour toutes, et l'Église a trouvé son
œuvre bonne, puisqu'elle sème le germe classique
sur le sol que le sang chrétien a fécondé ! La se-

______

(1) Paroles d'un officier prussien à Rouen.

mence lève ; et notre âge classique couvre de chef d'œuvre le point le plus éclatant de l'histoire.

L'histoire de France n'est donc qu'un travail de synthèse universelle. En montrant le produit du *vrai* dans le *beau*, et celui du beau dans le juste, elle retrouve la génération des choses sociales, et la généalogie de la civilisation. En montrant les trois puissances du culte naturel identifiées avec la destinée des trois peuples qui régissent le monde, par la bible, par les arts, par la loi, elle forge la chaîne qui soutient la marche de la liberté à travers les abîmes de l'histoire : « Où sont les hommes antiques ? » s'écriait en mourant au delà des mers, le patriote Bilbao ? En résumé : Le siècle des penseurs du moyen-âge (la raison dans la foi) a produit l'âge classique (l'idée chrétienne dans la forme antique.) Et le poète après un siècle de critique et de démolitions a conduit au seuil du forum un peuple citoyen.

Résumé de la philosophie de l'histoire

Dieu s'est révélé par la création et la Rédemption. La création, interprétée par le génie a produit le monde des arts, et déposé ses harmonies dans la matière classique. La Rédemption, interprétée par l'Église a produit la Société chrétienne et déposé sa vertu dans le culte catholique. Ici, les principes absolus; là, les formes indélébiles; les deux bases de l'édification humaine et de la civilisation.

Pour la Société philosophique, ses deux bases

radicales c'est le *moi* socratique, flambeau des âmes;
et le *moi* homérique, flambeau de la création.

Pour la société traditionnelle, la double base,
c'est le dogme chrétien foyer universel des lumières; et la forme classique, le prototype universl des
formes sociales,

Dans le Dogme évangélique, l'homme retrouve
toutes les lumières de la raison individuelle,
subjective. Dans la forme classique, il retrouve,
mais sous figure d'homme, la raison générale
objective qui s'expose dans le livre du monde,
où Descartes chercha ce que ses maîtres ne possé-
daient plus. Par le rapprochement du *Dogme* et de
la forme, au Vatican, ces deux raisons s'unissent et
composent l'autorité complète. Par leur union subs-
tantielle dans les produits de l'art français, elles
composent l'homme complet, type définitif de la vie.

Je n'examine pas ici la constitution de la religion
naturelle qui embrasse les trois cultes, de Jérusalem, d'Athènes et de Rome (1); mais je constate que
la marche de l'humanité de ce côté-ci de la croix
est un épanouissement continu de lumière. Je vois
que le progrès n'est autre chose que l'épousaille de
la poésie classique par le génie chrétien qui nous a
rendu l'ordre naturel comme Dogme, forme et loi
civile.

Cherche-t-on le secret de cette marche ascen-
dante de l'humanité ? Le culte chrétien est toute la
puissance organique de l'homme intérieur. Le culte

---

(1) M. J. Simon s'est amusé en titrant un gros livre : *Religion naturelle.* M Cousin avec un seul mot : étudiez l'âme en présence du
beau fait de ce livre un brouillard.

classique est toute la puissance organique de l'homme sensible.

Le titre et la nature des deux cultes?

Par le génie classique, l'homme commerce avec la nature, et en contracte les harmonies. Par le génie chrétien, l'homme commerce avec l'humanité des âmes et avec le monde des principes qui les nourrit. Mazzini a, sans doute, ainsi vu les choses lorsqu'il écrit ces mots : « Quand le Christ est venu refaire l'homme, » il a dit : *Ecce homo,* voilà l'homme; le type ré- » gulateur qui rend à la créature sa primitive » beauté. » Si le christianisme est une folie, la matière classique est une folie, car c'est lui qui l'a rendue au monde. Et si le christianisme est un mensonge, la matière classique partage ses disgrâces; parce qu'elle donne la même note que lui. Alors c'est la création en personne qui se trouve en défaut. La Révolution n'est autre chose que la rupture de l'alliance chrétienne et classique qui est tout le progrès social avec ses trois renaissances : chacune apportant son printemps et ses orages.

Première révolution de notre histoire, premier point d'arrêt : les Manichéens. L'unité de Dieu est atteinte sur le domaine théologique : le bien et le mal tournent en lie; l'homme disparaît dans la blessure divine.

Seconde révolution, second point d'arrêt : le protestantisme. Il attaque l'unité divine dans sa révélation personnelle. Sur la face du vrai, le beau est atteint et l'art tombe en déconfiture. Au lieu de Raphaël, la Kermesse. Au lien du peuple citoyen que saluait Alexandre, les lansquenets pétroleurs. .

Troisième point d'arrêt, et troisième révolution :

le communisme. L'unité divine, blessée dans la conscience humaine, miroir de Dieu, par la négation de l'égalité civile, la troisième révélation de Dieu, la raison irritée tourne à l'incendie; et le temple, comme le musée disparaissent. Depuis 50 ans nous rêvons l'âge d'or dans ce paradis. A qui la faute des Révolutions?

Le progrès n'étant que l'épanouissement du germe classique qui se transforme en s'épanouissant, le *vrai* par le *beau*; les arts, par les lois civiles; deux conséquences se dégagent de la loi du progrès. La première, c'est que les trois formes de la vérité souveraine réciproquement liées et solidaires, rendent solidaires entr'eux les trois cultes qui font l'édification de l'homme. La seconde, c'est que chaque principe, s'incarnant dans une société nouvelle, laquelle traîne à sa suite les scories de son passé, chaque renaissance *ou* révolution remet en question les problèmes déja résolus, pour en étendre la solution, dans un plus large horizon de lumière; d'où suit que 89 enferme dans son cercle de combats toutes les révolutions du passé.

Les Manichéens nous sont revenus avec St-Simon et Fourrier; les protestants, avec Rouge, Chatel, et les prêtres qui se marient. Et, quant au communisme antique, il attend, l'arme au bras, entre l'inquisition et la féodalité.

Nous avons donc à cette heure à lutter, comme le moyen-âge pour l'unité de Dieu; comme la renaissance, pour la forme personnelle de ses attributs; et nous avons à dégager des deux autorités romaines la forme de pouvoir qui les incarne, mais nos expériences ne sont pas perdues. Quand Luther proclama la liberté d'examen, il avait raison. Rome ne vaut que par elle. Garotté entre Vénus et Priape, le christianisme est un enfant dans un Lazaret. Quand Luther dit à l'autorité classique : *Racca* ! C'est lui qui va au diable. Car c'est la raison en personne, et la liberté qu'il maudit, en maudissant sa mère, l'autorité classique. C'est elle, raison-personne, autorité-liberté, qui fait de la vérité naturelle une autorité de culte public, en lui donnant un corps. Mais que Luther est dépassé par L. Veuillot ! Quand le dictateur des papes reprend la thèse iconoclaste ; laissant le bon, la liberté, gardant le mauvais, la haine des arts et le bris des chefs-d'œuvre, il poignarde le Vatican de deux coups mortels, sans avoir le corectif de la Réforme. Or l'*Univers* refait l'œuvre des ravageurs, quand il dit à Dieu ; *tu n'es pas agneau, mais bourreau.* A l'Eglise : *ta renaissance est décadence* ; aux papes, au génie, à l'histoire : ce que vous dites bon, je le déclare infâme. Vos maîtres anciens, sont des *vauriens* ; et que ce Dieu bourreau, cette Eglise païenne, ce génie vaurien, tout cet amalgame, infâme de détritus et de mensonges, entrent dans la communauté catholique par un commerce de dévotion et d'amulettes, pour y créer un monde adverse à Dieu et à l'humanité. Les anabaptistes firent violence à la société matérielle : l'*Univers* viole la religion sur l'autel. Leurs colères, furent œuvre de talion sur un champ de bataille; les siennes sont le poison mêlé au pain de la communion catholique : Ainsi Borgia.

La doctrine *universelle* n'est pas un emportement de polémique ; c'est la prise de possession de la société par la dépossession de Dieu et du genie :

C'est l'éducation, la famille, l'état, le domaine des intérêts et des idées, envahis à titre sacré : *Compelle* ; à moi le monde. N'entendons-nous pas l'abbé Morel prêcher la doctrine du renoncement sur le mode ultramontain ? « St-Pierre est l'unique pro- « priétaire de la chrétienté. » Vous ne saviez pas cela ? Sans doute il marchait pied-nus ; mais c'était pour pouvoir léguer des carrosses à ses disciples. Il n'avait qu'une robe de bure : mais par raison d'économie, et pour laisser à ses héritiers des meubles en palissandre à filets dorés.

Que parlez-vous de foi ; où est la foi ? Est ce que le diocése de Poitiers accepte la Rome mythologique ? Non. Est-ce que le diocèse d'Orléans accepte la Rome des iconoclaste ? Non. Eh bien, entre ces deux négations, qu'avons à croire ?

La prédication ? Mais si l'Eglise a trahi l'homme et Dieu, pendant vingt siècles, qu'avez-vous à faire que le *meâ culpâ* de vos œuvres ? qu'avez-vous à prêcher, sinon le sermon de St-Paul contre les mauvais livres, sauf que vous ajoutez aux coupables Fénélon, Bossuet et St-Paul pour crime de liberté : *rationabile obsequium*. L'éducation ? voilà MM. Gaume, Veuillot et d'Alzon, chassant théologiquement de l'école Homère et Virgile pour prouver que les papes qui les ont mis là sont des païens.

Les lettres ? mais tant que vous ignorez ce qui est païen, ce qui est classique, l'enseignement des lettres n'est qu'un empoisonnement. Le réalisme le plus abrutissant, ce n'est pas celui qui déprave le corps, c'est celui qui fausse la vérité et corrompt l'âme ; qui introduisit la boxe et la savatte, — la boxe en soutane, et la savatte en surplis — dans la salle d'armes de la presse ?

L'histoire ? mais si vous retranchez de l'histoire la poussière de diamant qui polit les rugosités humaines, *humaniores litterœ*, l'histoire est un labyrinthe de sang et de feu où deux Euménide s'entre-dévorent.

La prière ? *panem nostrum quotidianum...* Mais mon pain à moi, c'est le droit civil ; c'est la vie, la justice par la loi, par l'égalité, sans tricherie et sans mythologie ; Et si je demande à Dieu le fruit des travaux des siècles, je vous trouve sur mon chemin, priant Dieu de repousser ma prière ; parce que la renaissance est fruit d'enfer.

Unde Veniet auxilium ?

Les effets de la doctrine à l'intérieur ?

En déniant à la démocratie ses ancêtres qui sont les vôtres « tes pèré et mère honoreras » vous faites les enfants ennemis des pères ; les parents ennemis des enfants. L'autorité commune qui nourrit le patronage public disparaît. Nuit noire dans le monde politique. Le pouvoir n'est qu'un ogre à cent gueules ; la démocratie une révolte permanente et nécessaire contre un pouvoir en rupture déclarée avec tous les principes de l'ordre social ; voilà où nous en sommes. Cherchez avec la doctrine de l'Univers un abri social dans l'histoire; un point lumineux; un témoignage de Dieu ; vous trouvez une confusion de monstres qui font horreur. Descendez dans votre âme, et cherchez y la paix par la foi, la vie, l'avenir, l'espérance : vous enfoncez, dans le désespoir et la nuit, au milieu des laves qui débordent ; dans un monde d'orgueil et de superstition courroucées. Sous un ciel de fer, sur un sol qui tremble et qui fume, un cercle d'horizons sombres et désespérés emprisonne la patrie de l'honneur et de la liberté : et au dehors ?

Les effets de la doctrine à l'étranger ?

Ecoutons d'abord l'Angleterre exprimer, sur la situation de la France, l'opinion de l'Europe. « Je « suis venu à Paris — dit lord Montagne — voir si les « Prussiens reviendront : et ils reviendront, si vous « n'êtes pas meilleurs chrétiens que vos vainqueurs. « En disant meilleurs chrétiens, je n'entends pas « seulement parler de ceux qui accomplissent cer- « tains actes ; mais de ceux qui pratiquent la justice « et la charité. Obéissez aux commandements de l'E- « glise ; mais souvenez-vous que les commande- « ments de Dieu sont la seule base sur laquelle l'é- « difice social puisse reposer solidement. » L. Mon- tagne est ici derrière les paroles du comte de Maistre : « Quand l'Angleterre sera catholique et la France « chrétienne...» Cherchant par la philosophie de l'his- toire, la solution du problème qui nourrit les révolu- tions, que trouvons-nous ? Que les commandements de Dieu, les vérités naturelles ne sont plus consi- gnées dans les tables de la loi. L'affirmation divine est déposée dans les œuvres du génie qui a donné un corps aux principes et rendu visible la généalogie du *vrai* par le *beau*; du beau par l'égalité civile. Je trouve que si, pendant les temps mineurs, où la matière classique n'a pas donné tous ces fruits ; où le courant civil n'a pas fécondé le sol, c'est la foi qui conduit aux lumières ; si alors les commandements de l'église priment ou précèdent, comme enseignement, les commandements de Dieu, les rôles ont changé depuis 89. A partir de là « les choses « rentrent dans l'ordre naturel — *Donoso Cortès* — « et dans l'ordre naturel des choses l'Eglise n'agit « plus sur la société que par des moyens insensi- « bles et persuasifs. » Etait-il révolutionnaire celui-là ?

Quel sont les moyens de persuasion ; quel est cet ordre naturel mentionnés par l'écrivain espagnol ? « La raison dans mes vers conduit l'homme à la « foi » avait dit Racine. — La raison a précédé la foi — dit Rome. Evidemment les moyens de persuasion que postule l'écrivain catholique, c'est tout le système poétique et idéal né des travaux communs de la religion et du génie.

Donc, être chrétien, pour des Français de ce temps, c'est connaître la raison des travaux de l'É-glise sur l'antiquité ; et la fin politique, sociale et religieuse où ces travaux nous mènent : c'est-à-dire la place de chacun au banquet de la fraternité. Le vœu, le droit, le besoin de l'Europe, c'est d'asseoir la foi sur la science des choses naturelles. De trou-ver la loi d'harmonie du monde classique, avec le monde chrétien, mêlés l'un et l'autre à toute notre existence privée et nationale. Et cette aspiration, je l'ai prouvé, a son point de départ dans les derniè-

res profondeurs de l'histoire, et aussi du monde in-
tellectuel.

Et maintenant, que trouve l'Europe quand elle
vient chercher, au milieu de nous, le patrimoine
sacré des arts; quand elle cherche *les droits naturels réglés par les devoirs;* le monde évangélique,
épanoui dans le monde classique; le flambeau des
vingt siècles, et la direction de lumière qui, dans
les mains du génie français, ne lui manqua jamais?
Que trouve-t-elle? L'Europe cherche, regarde, et ne
trouve à la tête de la catholicité,.... qu'un *vaurien :*
le maître classique et ses complices; les hotes qui
l'hébergent et l'honorent; qui l'ont retiré des limbes
et lui ont bâti des écoles, des églises, des musées
pour le faire roi. Et par ainsi, vauriens les papes,
les moines, les évêques, les hommes de génie, rois
et poètes, les corps savants, le genre humain. Et si
les choses sont telles que le monde l'a cru jusqu'ici;
si le génie antique est bien le dépositaire de l'autorité naturelle; eh bien! c'est encore un *vaurien,*
c'est le diffamateur des saintes choses qui tient la
tête de la catholicité; car la loi retourne contre le
faux témoin la qualification donnée par lui à la victime. Et vous croyez que l'Europe va prendre à la
lettre les extravagances de l'orgueil en délire; qu'elle
va s'endormir entre vos homélies ensouffrées, et vos
meâ culpâ sur la poitrine d'autrui, comme sur un lit
de roses?

« Paris est le foyer où s'est levée, à toutes les
» grandes époques de l'histoire, l'aurore des temps
» nouveaux. » Voilà ce que dit l'Angleterre. Aujour-
d'hui que trouve-t-elle à Paris? un bûcher qui fume

de colère. Elle voit, au temple, un mensonge; à l'école, un club ou un hôpital; au prétoire un superbe tapis vert d'où l'on part, du milieu des voleurs et des assassins, engraissé du fruit de leurs crimes, pour vendre sa Patrie à l'étranger : *vendidit hic auro patriam.* L'Europe voit le patrimoine du monde civilisé disparaître dans un gouffre dont l'œil n'ose pas sonder la profondeur. Elle voit une torche errante dans le temple où retentit une voix en délire : je suis païen, je suis chrétien, je suis vaurien, je suis classique, je suis le blanc et le noir, le jour et la nuit, le ciel et l'enfer, le progrès et la décadence. Je suis le propriétaire de la chrétienté; à moi le monde des corps et des âmes. Néant de Dieu, jonchée des peuples, déification de l'or, un monde de pierre qui pèse sur un monde nu et l'écrase; et je ne sais quelle fermentation sourde et immense de l'humanité en travail d'enfant, pour enfanter un peuple; et qui se sent prise à la porte d'ivoire et menacée de strangulation par les muets de la fatalité : le monde féodal et l'ultramontanisme catholique : voilà nos loisirs et nos Dieux. En scindant l'idée chrétienne ils ont mutilé l'âme de la France et démantelé les forces publiques. Ils ont fait cette anarchie des partis qui a donné pour fruit la mutilation du territoire. Où la raison n'est plus, le corps n'est qu'une ruine. Qu'est venu faire la Prusse? fouler un peuple *idiotifié par le catholicisme,* qui déclare crime et folie ce qu'il a travaillé mille ans à produire.

Ce que la France doit à l'Europe ?

A toutes les époques de crise, la France a brisé le

cercle des révolutions et ramené la caravane dans ses voies. A cette heure, elle doit à l'Europe la conclusion des travaux de vingt siècles: la résultante sociale des deux enseignements qui s'exposent au Vatican. Elle doit au monde un peuple qui soit la forme concrète des vérités de raison et de foi dont subsiste la société: l'expression de la légitimité politique, sociale et religieuse. « Il y a une loi morale qui règle « les sociétés; une légitimité générale qui domine « les sociétés particulières ; cette légitimité, c'est la « puissance des droits naturels réglés par les de- « voirs. » Le droit naturel, c'est l'autorité classique; le devoir, c'est l'autorité chrétienne qui en ont le dépôt. Où en sommes-nous avec ces principes de légitimité absolue ?

L'autorité chrétienne veut l'égalité de l'esprit, par la pauvreté ; on lui dit, non.

L'autorité classique veut l'égalité de la forme, par la médiocrité de fortune ; on dit non.

'L'autorité juridique veut l'égalité civile, ou plutôt le nivellement lent et gradué, des conditions par l'égalit devant la loi : toujours non. Eh bien, quand un gouvernement viole les lois, il rend l'homme à l'état de nature « et alors chacun se défend comme il peut (1). »

Tous les pouvoirs ont voulu la justice ; tous les partis qui les ont conduits à l'abîme ont renversé l'équilibre social et la hiérarchie naturelle des choses. En bas, les principes : en haut les intérêts ; l'âme par terre, la carcasse humaine titrée, avec le lingot. Napoléon, Charles X, Louis-Philippe ont ex-

---

(1) M. de Malesherbes.

pié, à *Ste-Hélène*, à *Prague*, à *Claremont*, l'ambition des brouillons ineptes « *qui ne doivent pas la
justice à leurs adversaires politiques.* » Ces expia-
tions, pour une bonne part immérités, et les travaux, les luttes qui les ont amenées, donnent-elles
le droit aux partis-borne de reprendre l'œuvre du
renversement ?

M. Hervé qui fait des monarchies, comme si la
France était dans la lune, a-t-il joint les deux bords
du gouffre où les pouvoirs s'abîment depuis cinquante ans ? A-t-il la solution que MM. Thiers et
Guizot ont cherchée pendant vingt années de règne?
M, Guizot a reconnu les deux bases radicales de
l'édifice social : le christianisme et le génie classique. M. Hervé a-t-il renoué l'harmonie rompue entre ces deux souverainetés en souffrance ? A-t-il retrouvé les affinités du présent et de l'avenir, avec les
quarante siècles qui planent sur nos têtes ? Le travail des siècles a-t-il pour objet l'affranchissement
du monde ; où s'ils sont là rangés autour du Festin
de Balthazar pour assurer la pérennité de l'orgie de
Babylone ?

Un nom attire respect sous la bannière du *Journal
de Paris :* le nom d'un mort, le duc d'Oléans; loyal
et Français; non conspirateur, non révolutionnaire;
précisément parce qu'il se déclare soumis à la Révolution, c'est-à-dire à la volonté nationale ; et que
le mot de Révolution n'exprimait chez lui que les
droits et les libertés mis à flot par le temps. Que
faites-vous de son testament, et de son principe?
Vous les refoulez dans sa tombe, parce que la justice vous fait peur. Et que mettrez-vous à sa place,
Monsieur Hervé? Le génie? Vous ne l'avez pas; vouz

l'avez emprisonné avec Châteaubriand, à la préfecture de police.

L'honneur? il est mort politiquement sous la main qui déchira, le 6 août 1830, les ordonnances d'abdication.

La religion? Vous l'avez jouée aux gobelets de la foire, en jonglant avec *le facétieux primat des Gaules*. Et la religion vous a rendu les poires au sac, en glorifiant, du haut de la chaire de Notre-Dame, la Révolution qui balaya les orgies du *juste milieu*. — Qu'avez-vous donc pour gouverner le Pays? Vous avez tout ce qui a précipité la France dans *la révolution du mépris*. Vous avez l'athéisme légal et la sanie qui coule de la blessure par lui faite au cœur de la France; vous avez le *fait accompli* et la tache d'huile qu'il a laissée au front du gouvernement; vous avez « le *travail est un frein* », quand Dieu veut, et le génie et la raison des siècles qu'il soit une délivrance; vous avez le *chacun pour soi,* et ses appétits gloutonnants qui fouillent dans les voiries des Révolutions pour s'y engraisser de bassesses; ou sur les champs de bataille où ils ont jeté la Société, pour s'y repaître du sang de ses enfants. Vous avez le parti *qui pille, corrompt et déshonore la Fuance;* la loi brocantée; la justice blasphémée; le brigandage légal élevé à la hauteur d'une théorie politique. Et c'est là ce qui donnera le mot d'ordre à l'armée? *Gesta Dei per Francos :* A plat-ventre, soldats, et *en avant marchons!....* en rampant, à la conquête du monde. C'est assez d'une expérience ; un peuple ne marche pas deux fois par le chemin où il a trébuché.

En 89, au milieu des tripotages de la Féodalité

aux abois, la France se lève et parle : « Nous nous
» levons alors », dit une femme de génie, s'incorpo-
rant à la destinée de la Patrie? Qui donc se lève en
89? Le privilége ou le droit commun? L'oligarchie
boutiquière, ou le peuple et la liberté? Que faites-
vous du peuple législateur? Un esclave, attaché au
cep? Quand l'airain bouillonne dans la fournaise où
se prépare avec les matériaux des siècles la statue
de la France; quand les brandons de l'incendie eu-
ropéen pleuvant à notre foyer dont ils irritent la
flamme, font déborder le métal en fusion, vous arri-
vez en comploterie sournoise, avec un petit moule de
carton-pâte, pour recevoir le bronze bouillant qui
sera le peuple rénovateur de l'humanité? Que dire des
hommes de la Droite? Depuis 89, ils font table rase
de la royauté; honnissent et rejettent saint Louis pour
sa justice; Henri IV pour sa liberté de conscience;
Louis XIV pour l'égalité classique de son régne,
mère de l'égalité civile. Et si saint Louis n'a-
vait pas pour asile le génie de Voltaire; Henri IV
la cabane du père Michaud, et si Prud'hon, en
faction au seuil du XVIIe siècle, n'en faisait respecter les titres, les trois règnes illuminateurs de notre
histoire seraient aux gémonies. Où diable M. Laurentie a-t-il vu que la France a ses droits en tutelle
dans les mains de quelqu'un ? Quand les philosophes,
quand les poètes, quand les législateurs ont renou-
velé la France, chacun à son heure, ont-ils eu besoin de la permission des autorités constituées ?
Trouvez-moi l'autorité hors de ces trois choses. Et
ce peuple qui dialogua vingt ans sur les champs de
bataille de la république et de l'Empire avec la politique des siècles, vous en feriez généreusement le

porte-queue de Mme d'Escarbagnas? Je ne conçois pas l'opiniâtreté désespérée de cette politique en débine, vingt fois déboutée par les Révolutions du droit et de la liberté (fils légitimes des traditions dont vous n'êtes que les bâtards); de cette politique qui s'acharne à couper le monde chrétien en deux hémisphéres pour faire deux peuples; quand les rois ont sué leur vie à n'en faire qu'un. Vos ancêtres, dites-vous, étaient au siége de Jérusalem? Les miens ont fait le siége de Troie. Vous êtes la noblesse du sang? Moi, celle des idées. Votre noblesse pourrit *pulvis in pulverem* dans les cimetières! La mienne règne et rayonne au faîte de la civilisation : Si nous réglions une bonne fois?

Trois situations monarchiques aboutissent au droit commun. Personne ne veut du principe jusqu'à sa conclusion. M. de Chambord est l'héritier de la race qui porta sur son trône toutes les fructifications du génie national. Mais il n'est pas la sève, le soleil, la pluie et les vents par quoi l'arbre a fleuri. Or, le parti royaliste, *ce noble parti plein d'honneur*, dont le cerveau est un *cachot sans issue aucune ouverte à la lumière*, ce noble parti, la hache à la racine de l'arbre, retranche à fur et mesure qu'ils se montrent tous les rejetons par qui l'arbre monarchique donne signe de vie. Des chevaliers ? ils ont leur robe rouge au jockey-club ; leur robe blanche à l'Opéra pour rapiécer les jupons de ces dames. Montrez-moi la chevalerie hors de l'histoire, et la pierre philosophale est trouvée. Le droit humain traditionnel a pour représentant l'Impératrice. Louée aux deux antipodes par MM. Gambetta et L. Veuillot, elle domine, comme valeur personnelle, l'espace qui les sépare. Elle représente la partie invulnérable de l'Empire, et ne répond pas du reste.

La troisième situation monarchique, c'est le gouvernement de la transaction — l'ordre dans la liberté — l'égalité dans la hiérarchie. La politique de la transaction c'est le Génie : Napoléon et Chateaubriand. Les paladins littéraires du lingot, les Charlemagne du quant-à-soi qui se sont crus quelque chose, en rompant avec la haute lignée littéraire et politique de la France, pour inaugurer l'insurrection des lanternes contre le soleil, ont déraillé. Il leur a manqué la religion pour gouverner les âmes ; les arts et les lettres, pour gouverner les idées ; la raison et l'honneur, pour administrer la loi. C'est sans doute pour avoir appris en Angleterre, de Lord Clancarthy, que les usurpations de famille sont les pires des usurpations, que les Prince d'Or-léans ont fait abjuration de leurs compétitions à double et triple partie de renversement. Supposer, comme nos *prussiens* lettrés, qu'il ont floué la France et leur roi, ce qui serait une trahison doublée du même, est la plus atroce insulte que les tripotiers puissent infliger à des hommes d'honneur. *Unde auxilium.*

L'Assemblée ?

Ce n'est pas un acte de souveraineté qui l'a jetée dans les bras de l'armée ; c'est un acte d'impuissance, ni une évolution d'idées comme en 89, mais un écroulement d'intérêts, et un avortement d'appétits. Le ventre du *chacun pour soi* a crevé de trop plein, et la Prusse qui le voyait depuis longtemps surchargé de ripaille a fouillé les entrailles ouvertes pour y prendre son pain. Que l'Assemblée, celle des instincts honnêtes, trouve d'abord ses ancêtres, avant de préparer l'avenir. Au lieu de prendre à la lettre ces Michel-Ange de la rénovation qui plantent, en tâtonnant, au milieu des torrents qui se disputent le même lit, leurs pilotis de bois flotté, pour y bâtir en granit, l'avenir de la France et du monde, qu'elle retrouve les sources de la vie publique : elles sont là, sous l'épée de l'armée. Ce que protége cette épée, c'est la France du génie et des croyances (1) ; c'est la raison des siècles ; les institutions qui en sont le produit ; les monuments qui jalonnent l'histoire. Ce que protége l'armée française, à ce moment de crise suprême, c'est le patrimoine universel de la civilisation, et la société qu'il fait vivre. Elle protége la famille, la propriété, le temple : les pères, les mères, les ancêtres, les enfants du soldat-citoyen, le dépôt vivant des instincts sacrés, des lumières dont le génie des lettres fait le phare dont il illumine la terre. Ce n'est donc pas l'honneur militaire et l'armée qui relève pour le moment de l'Assemblée. C'est l'Assemblée qui relève de la France magistrale, les arts, les lettres, la religion, le patriotisme et l'honneur. Et cette France-là elle est toute réfugiée, comme force publique et pensée collective, sous la tente. Ils ont jeté des couches de héros dans les fondements de l'édifice national qui se renouvelle : et vous en feriez sortir des légions de tartuffes et de Turcarets ?

(1) La religion de St-Louis et de Napoléon, non pas celle de Torquemada et de l'éteignoir.

Où donc est l'autorité qui nourrira l'armée, où le pouvoir qui lui donnera le mot d'ordre ? Malheur a qui songerait à rompre la Trève de Dieu qui nous est octroyée pour nous reconnaître et nous réconcilier avec nos maîtres, *magistri*. Malheur à qui rêverait de faire un pouvoir politique, avant d'avoir retrouvé les bases de l'ordre social.

Il ne s'agit pas de poursuites folles; de droits arbitraires ou exagérés; de rêves impossibles. Il s'agit sur le terrain privé, de faire trève à l'extermination légale dont le prétoire, grâce au privilége, est le théâtre. Il s'agit, sur le domaine public des droits, des besoins, des progrès, qui tiennent aux fibres intimes de la nation, aux conditions premières de son existence ; et dont le culte est une question de vie ou de mort pour la société de ce temps, pour la religion, la famille, la propriété. Quand on porte depuis cinquante ans le poids des révolutions qui ont jeté la France sous les pieds des barbares ; qu'on doit la destruction de sa famille à la *religion de despotisme et d'orgueil* qui tua la Restauration; la ruine du patrimoine à la corruption Juridque du parti qui a jeté dans la boue le trône de juillet : et qu'on traîne depuis un demi siècle cette agonie sans nom par l'écrasement des propriétés et des personnes que nos aïeuls ne connurent qu'un moment, dans le rapide orage de la Terreur ; ce n'est pas sans motif, qu'on interroge avec anxiété, du regard l'avenir de la France. Ce n'est pas sans raison qu'on cherche avec angoisse dans les premières assises du pouvoir qui se fonde à l'abri de l'armée, des principes qui rassurent, des doctrines qui promettent : des hommes et des garanties qui cautionnent. Quand nos enfants et nos frères sont d'un côté, l'arme à la main pour la défense du pays ; leurs parents de l'autre sur les débris d'un patrimoine dévoré par le brigandage légal du *chacun pour soi*, est-il hors de propos de s'enquérir si le devoir militaire ne poussera pas le soldat à la perpétration d'un double parricide ? Eh bien ? on ne voit rien d'honnête, rien de vrai, rien de social — l'étranger le sait et le dit — dans cet ameutement de passions et d'appétits qui se ramassent en avalanche. pour faire barrage à la justice des siècles. On voit les hommes qui ont insulté Richelieu et Chateaubriand sous la Restauration ; Chateaubriand et Lamennais sous le régime de 1830 ; Chateaubriand et Lamartine sous l'Empire. Le temple déshonoré ; le musée souillé ; le prétoire confisqué par l'athéisme légal au profit de l'improbité et de la bassesse : quel nom portera le pouvoir sorti de ce bourbier sanglant où notre sang a coulé pour le pays, où nos biens se sont engloutis pour l'assouvissement des bêtes de proie qui le dévorent? misère et folie des politiques de serre chaude ! ils rejettent les quarante siècles qui nous commandent et voudraient agenouiller la France aux pieds d'un manitou forgé par leurs mains ?

La politique d'avortement que je résume dans ces trois noms, Veuillot, Laurentie, Hervé, r'ouvre au pays le cercle des révolutions. Elle met la France des honnêtes gens, en demeure de se défendre contre les oligarchies de l'orgueil, du mensonge, de l'avarice, comme on lutte sur un grand chemin, contre une troupe de brigands disciplinés. Quand la société du sophisme en est là, la main de Dieu appelle les vengeurs pour détruire. *Unde auxilium* ?

C'est plus haut qu'il faut chercher le mal et le re-
mède.

L'épiscopat français répond des révolutions ?

L'épiscopat français répond à Rome, à la France,
à l'Europe, du sort du monde. C'est lui qui introduisit la matière classique en France ; qui propa-
gea son culte, consacra ses fruits. Un prêtre fonda
l'Université (1) foyer des idées générales. Un
prêtre fonda l'Académie française, d'où sont sorties
les formes générales des idées. Un prêtre a glorifié
*les très saintes lois d'ordre civil qui valurent aux
romains l'empire de la terre.* Aux trois époques fas-
tiques de l'histoire, l'Eglise par ses plus grands
hommes : Suger, Courson, Richelieu, Bossuet, Fénélon a prononcé le *vidit quod bonum* sur les progrès
accomplis. L'épiscopat a-t-il fait respecter ses œuvres ? Quand l'*Univers* a commencé la saturnale de
l'insulte contre les plus grands hommes de notre
histoire, les évêques ont-ils protesté ? quand il a
crié sur les toits les *anciens vauriens ; la renaissance,* décadence : l'église de France a-t-elle re-
tranché l'hérésie ? Quand le pape outragé dans ses
hotes de génie, a dit aux iconoclastes : *vous n'avez
pas la charité* (et la foi donc !) Nos évêques ont-
ils commenté, fait aboutir les censures du pontife ?
Voici la réponse : « ferme au poste. L. Veuillot.
« Des milliers de prêtres sont là pour vous soute-
nir. » Je le crois bien. Prouver que les papes sont

(1) Non ; mais il la régla, ce qui revient au même, ou peu s'en faut.

des païens; l'église, une entremetteuse; et [Chateau-
briand un navet? Quels triomphes pour l'infaillibi-
lité ultramontaine !

Mais si Rome est païenne, pourquoi l'honorez-
vous? Si Rome est classique, pourquoi l'insultez-
vous? Si Rome est le lien des deux mondes, pourquoi briser ce lien? Ou l'Église a failli dans son
œuvre classique, et l'Église est à bas. Ou l'œuvre est
bonne, et ceux qui la nient sont hors de l'Église. Et
si l'œuvre est bonne, force nous est d'en connaître
les conclusions pratiques. Par le *statu quo* catholique, vous tuez Rome dans Rome; en niant la liberté
nécessaire pour interpréter la mythologie, et valider
le plan divin. Vous tuez Rome à Paris, en niant l'É-
glise de France dans son œuvre de transformation
classique, et en repoussant la démocratie qui en est
sortie. Enfin, si l'œuvre de l'Église est de Dieu,
c'est nier Dieu que de diffamer les œuvres de l'Église,
Bonum est confidere in domino. Oui, sans doute.
Mais quand vous avez chassé Dieu du temple pour
mettre à sa place l'orgueil, l'envie, l'avarice, le
culte du veau d'or; alors, c'est un devoir de fuir
vos autels : *non confidere in hominibus.* Aller à
vous, c'est sacrilége; parce qu'il faut, pour vous
suivre, rejeter tous les témoignages sacrés qui prouvent la présence de Dieu dans l'histoire. Un monde
nous environne; les siècles debout, dans nos églises, nos musées, au front des monuments, aux ave-
nues des cités, enseignent la vie. Et vous prétendez
que je reste étranger au monde qui me nourrit, à la
lumière qui m'éclaire? Poëte, philosophe, législateur, n'est-ce pas pour tous qu'ils ont donné à la
vérité universelle une forme universelle, et assuré

son culte par la loi civile? La fermentation qui travaille le monde depuis 89, n'est pas un simple épanouissement de lumière, mais un travail politique, la consommation du progrès des siècles. Nous sommes à la troisième phase des renaissances de l'ordre naturel ; à l'ère civile de la religion qui, après avoir refait le philosophe et le poëte, travaille à refaire le citoyen. Ce peuple citoyen, conscient de ses destinées, eonnaissant scientifiquement, déclarant le Dieu qui en remplit la carrière et tous les travaux de restauration humain nourris de son souffle, voilà la solennelle affirmation chrétienne que le monde attend ; la troisième et dernière vérification de la vérité divine. Cette dernière révélation, ce n'est pas une doctrine d'idée seulement, mais un système d'idée et un monde de formes incorporés l'un à l'autre. C'est l'unité divine associée à l'unité morale et incorporées à l'unité ou vérité civile. Et la vérité civile, c'est un peuple citoyen.

C'est à lui que s'adresse à cette heure le *surge tulle lectum et vade,* prononcé par le génie. Ou déclarez que Dieu n'a pas fait l'homme pour le connaître, ou donnez à l'homme le moyen de connaître Dieu; de juger les travaux du génie pour les conclure; de changer les idées en faits; les faits en institution. L'égalité civile, le droit humain est le dernier acte politique de l'affranchissement des peuples par la religion du Christ.

« Malheur à vous qni chargez vos frères de far-
» deaux qu'ils ne sauraient porter, et qui ne vou-
» driez pas les avoir touchés du bout du doigt. »

Si la raison est le rapport naturel des choses, la

haute et suprême raison pour l'Europe, c'est l'harmonie des choses naturelles avec les choses surnaturelles, la preuve de celles-ci, par celles-là.

La raison, peur la France, c'est l'harmonie du génie classique avec le génie chrétien.

La raison, dans les arts, c'est l'harmonie des lettres antiques, en qui la forme prime l'idée, avec les lettres et l'art moderne, en qui l'idée prime et renouvelle la forme.

La raison, dans l'histoire, c'est la logique des travaux qui la nourrissent; et la conclusion pratique de ces travaux exposée à tous.

La raison, pour les gouvernements, c'est l'harmonie restituée par un culte régulier entre la réalité sociale et la Société magistrale qui en est le régulateur. Telle s'expose à nos yeux l'économie du plan divin porté par l'histoire. De toutes les forces qu'il embrasse, réconciliées entr'elles, par l'élimination des alliages humains, se compose l'autorité nourricière des peuples et des gouvernements. De leur mise en rapport avec l'intelligence des masses, se compose le pouvoir. Ruser, avec l'autorité pour l'amoindrir; avec la liberté « le peuple » pour la mutiler dans son expression, c'est faire l'œuvre de la Prusse sur la personne réelle de la civilisation. Quand vous aurez déshonoré le Louvre, les Tuileries ne seront qu'un fumoir.

En pleine tempête de la Renaissance la papauté, voyant la Société ébranlée dans ses fondements lui rendit ses maîtres, les maîtres antiques: *elegantiam et proprietatem,* dit l'Église : ce qui signifie la vérité et sa forme légitime. Nous sommes au cap des tempêtes de la renaissance politique; et le monde social est à vau de torrent. C'est à l'épiscopat à juger la Société classique : à l'expulser si elle est mauvaise; à la subir si elle est fille de Dieu.

Aux aspirations humaines, il faut un terme commun, tangible et visible : elles ne l'ont pas. Au monde des lumières qui nous sollicitent, il faut leur emploi dans le gouvernement social ; les arts, les lettres, la religion, l'histoire, les Grecs et les Romains, à quoi nous mènent-ils ? nous n'en savons rien.

Aux principes, aux idées, aux croyances, il faut un foyer, un axe, un soleil. Le soleil des âmes, c'est l'Evangile ; le *vrai* absolu. Le soleil des arts et de la raison, c'est le *beau* définitif et parfait. De ces deux choses se compose le *criterium* universel de la raison et la double base de l'ordre social. Si M. de Belcastel ne la voit pas, à qui la faute? « La sou-« veraineté, dites vous, réside en Dieu » soit ; mais Dieu nous est connu par les témoignages qu'il se donne ; et vous les rejetez. « L'Église, dites vous encore ; garde la règle souveraine » ? Mais cette règle, le culte du *vrai* par le *beau*, qu'en fait l'Église? Demandez à l'*Univers*. Où sont donc vos lois, vos règles, vos autorités? Le Dieu du génie ? proscrit comme un bandit. Le Dieu des pauvres, traîné, la corde au cou, à la queue de vos chevaux. Aux lettres classiques, vous refusez l'âme qui leur rend la vie ; aux lettres chrétiennes, la forme qui leur donne un corps; au monde social, ses pôles, son orbite, son méridien.

Lorsqu'un tribun, à Saint-Quentin accuse le christianisme d'hébéter les races, il ne fait que répéter les apophthegmes sacerdotaux de l'*Univers*, en les atténuant. Si, en effet, l'Église nous donne des *vau-riens* pour maîtres, l'Église nous fait *vauriens*, ce qui est pis que bêtes. Et alors ?..... Et le diocèse de Paris fulmine contre l'Italie ? Il oublie que depuis quarante ans, l'*Univers* accuse Rome de corruption et de paganisme. Or si Rome est un foyer de dépravation, de quel droit prétendez-vous forcer l'Italie à respirer de première main la peste romaine ?

La France est suspendue sur un gouffre, entre le peuple et l'armée. Au fond du gouffre, l'athéisme légal, le fatalisme doctrinaire, le loup-cervier de 1830 ; le *fait accompli* de 1830, qui tient traquenard et coupe-gorge aux antichambres de la loi.

Entre la France pensante et la France agissante, le peuple et l'armé ; la tête et le bras de la civilisation, malheur à qui promènerait la torche de discorde ! Le peuple a droit de savoir ce que veut l'armée. L'armée a droit de savoir ce qu'il y a dans l'âme de la France : raison, justice, honneur ; ce qui peut être légitimement commandé au soldat en leur nom. Quand l'armée d'Italie commença la conquête de l'Europe, non pour la dévorer, mais pour la féconder, elle savait la raison de ses entreprises guerrières. « Peuples d'Italie, le peuple français « vient rompre vos chaînes. » L'armée française a droit de voir sur la ligne où son drapeau la conduira ; la France debout a le droit de savoir ou *conduit l'histoire de la nation* qui est le catéchisme vivant de l'humanité. L'armée commandée par la politique de l'octroi et des ventrus ? par celle des loups-cerviers et du *chacun pour soi* ? Est-ce que nos enfants et nos frères peuvent défendre avec le principe de gouvenement qui a perdu la Restaura-

tion, l'ennemi public qui a détruit leur famille? Est-
ce qu'ils peuvent défendre, avec le principe de pouvoir qui a perdu la dynastie de Juillet, l'ennemi social qui a saccagé leur héritage? Les jongleurs, les
brouillons, les fatalistes peuvent dissoudre, désagré-
ger l'armée ; ils ne l'auront pas pour instrument do-
cile. Jamais l'honneur ne sera le jouet de la bassesse. Jamais le peuple racheté du sang du Christ ne
sera forgé en esclave. Le peuple et l'armée on droit
et devoir de connaître les bases de la légitimité sociale
Quel pouvoir l'incarne; quel pouvoir la trahit. La politique n'est un ésotérisme que pour les charlatans, les
incendiaires et les idiots. L'histoire est dans les monuments; les arts et les lettres, dans les institutions;
la religion dans ses œuvres. La politique relève de
ces choses et ne les domine pas. La doctrine voulue
pour les mettre à la portée du peuple ne pèse pas le
poids du catéchisme d'un enfant. L'Église de France
a-t-elle semé le mensonge ou la vérité sur les couches superposées de notre histoire ? Sondez donc le
rocher pour en faire jaillir les eaux. L'heure du bi-
lan catholique est arrivé. La 3ᵐᵉ et dernière vérification de l'œuvre du Christ est sur le tapis. Il a re-
pris les Juifs, les Grecs et les Romains qui vécurent
isolés, et, par cela même impuissants : il en a fait,
par trois renaissances, l'homme, le pouvoir renou-
velé ; un peuple grand comme le monde. A-t-il bien
fait, a-t-il trahi Dieu et l'humanité? La raison classique, flambeau des arts; la raison chrétienne, flambeau des âmes. n'est-ce que mensonge et corruption ? Voilà le problème qui résume les débats pen-
dants : ou déposséder le christianisme, ou trouver la
raison de ses œuvres, et l'application sociale de ses

travaux. Et là aussi la raison de l'appel à la nation qui doit préluder à la restauration de la France et du monde..

Il ne s'agit donc pas simplement d'un intérêt politique et national ; mais d'un intérêt religieux et universel : ni du pouvoir qui brise ou comprime ; mais de l'autorité qui crée. Et l'autorité, c'est-à-dire la religion, la justice, les lettres, ce n'est pas l'oligarchie de l'octroi ; celle des athées ; celle des *prussiens* de France, qui en retrouveront l'assiette élargie ; car ils en sont les plus mortels ennemis. C'est la nation en masse qui doit juger l'œuvre chrétienne, et balayer les faux Dieu du territoire sacré de la liberté. La destinée humaine dans son ampleur et sa profondeur est en débat. Un scorpion dans le soleil, verse à la terre, au lieu de lumière, la fumée ardente d'un monde incendié, Procuste, sur le trône, fait du Christ un manchot armé de tenailles pour traîner l'homme esclave aux pieds du veau d'or : « Prosterne toi pour m'adorer « et je te donne... » Est-il étonnant que l'Europe ne reconnaisse plus la France, quand les protestants qui cherchent la foi, quand les catholiques qui cherchent la raison, trouvent la vérité dans les mains d'un chauffeur au sanctuaire ; quand la matière classique, le flambeau de l'histoire et le luminaire de la création, garottée, nouvelle Andromède, à l'autel ultramontain, y subit la flagellation et le dernier outrage ?

Le lien des choses sociales est donc brisé ; la lie de l'Océan a touché les étoiles ; la vieille Europe s'éboule, et le monde meurt. Il meurt de la double blessure qui, depuis un demi siècle, porte dans son sang tous les poisons de l'histoire : par le prêtre, mutilation de Dieu ; par le juge, écrasement de l'homme : de là, l'inquisition et le terrorisme qui se menacent.

Par son blasphème contre la renaissance, le sacerdoce ultramontain a rompu la chaîne des traditions qui suspend le monde social au pied de la Croix, et démembré Dieu, le Dieu de la nature. Par son blasphème contre le génie, il a brisé sur la face du *beau* l'effigie du *vrai* ; et nié, sans s'en douter, la divinité du christianisme en le frustrant du bénéfice de ses œuvres. Il a dit à la raison, non ! A l'Eglise, arrière. Il a trahi Rome ; empoisonné la France ; prosterné le monde aux pieds du veau d'or, lui le premier donnant l'exemple du culte idolâtre. Et c'est sa main qui allume aux quatre coins de l'Europe l'incendie qui doit la consumer.

Le monde chrétien est bien renversé sur ses bases ; absence de Dieu, tempête d'idées : où l'esprit bouillonne dans l'anarchie, les passions écument ; la force domine, l'appétit est brutal. Rien de vrai, rien d'humain, de social, dans l'homme, l'État, la famille, ni principes, ni formes, ni pouvoir, ni culte, ni lois. Voilà pourquoi les idées et les passions, mêlées et confondues dans un tourbillon de ravage, soufflent en foudre. Voilà pourquoi l'Océan monte dans le ciel et devient déluge ; la foudre descend sous nos pieds et se fait volcan : l'âme du génie dans l'âme du peuple. « Posez la main sur la terre ; « et dites-moi pourquoi elle a tressailli. » Depuis 1830 le génie français n'est qu'un météore fouetté des vents sur un champ de mort. Qu'est devenu ce poète chrétien qui reliait les deux mondes de l'esprit et de la forme dont il est le synchrétisme vivant ? Qu'est devenu ce génie de transaction qui embrassait les deux hémisphères de l'histoire pour en tirer les bases, le plan et les matériaux de la cité moderne ? Passé, présent, avenir, tout est noyé dans l'ouragan. Les rivages emportés par les eaux débordées disparaissent avec les arbres de leurs bords. Et la branche qui cède à la main qui presse, suit le naufragé dans le gouffre fuyant pour s'abîmer avec lui.

Situation — M. Thiers — le juste milieu.

Quand M. Thiers commença sa vie militante il écrivit à M. de Chateaubriand ; « Si j'ai réussi à ex-
« primer des opinions que vous approuviez, je serai
« rassuré, et certain de me trouver dans une bonne
« voie. » Cette voie où Chateaubriand était pris pour guide, c'était le chemin tracé depuis vingt siècles par le génie français, entre la raison et la foi, mariées par ses mains. En cherchant la voie où Napoléon et Chateaubriand entraînaient l'Europe, M. Thiers creusait le courant constitutionnel, c'est-à-dire le lit du fleuve où avaient conflué pendant vingt siècles la religion et les arts. Et si au bout de sa carrière, M. Thiers se dit impuissant pour l'ordre moral, c'est que le principe même de l'ordre social, le vrai-beau, l'égalité de l'esprit, et l'égalité de la forme, est atteint à sa source. C'est que la France pensante n'a pas fait un pas depuis que Napoléon et Chateaubriand sont tombés sur leur javelle, et que nous avons à pousser la route au delà du jalon où les maîtres du siècle se sont arrêtés.

La Révolution française, dit M. Thiers, portant dans son sein la liberté du monde, sa durée est proportionnée à la grandeur du résultat qu'elle poursuit. Mais ce résultat, mais l'avenir cherché sous tant de drapeaux, qui en donnera la formule ? La France est le théâtre des révolutions, parce qu'elle est le berceau des renaissance ; parce que son histoire est la floraison, sur un sol nouveau, des trois germes classiques : la Bible, Homère et le Droit romain, dont l'action sur la société humaine est toute la philosophie de l'histoire ; tandis que le travail de la raison individuelle pour retrouver sa loi, dans la loi du culte naturel, est toute l'histoire de la philosophie. C'est donc le monde croyant, pensant et légal que portent à leurs racines les trois partis qui se disputent la France saignante et déchirée, comme la chevelure de Polydore à chaque révolution qui transplante les choses du passé. Toujours impuissants quand ils procèdent isolément au gouvernement de la société, les trois partis, royaliste, démocratique et constitutionnel restent inviolables sur le domaine des principes, quand la défaite les ramène au giron natif.

Ainsi la France est unitaire, parce qu'elle porte les trois principes du culte naturel qui font l'harmonie de l'homme et de la société. Elle est, et sera révolutionnaire, tant que le trois principes du patronage social n'auront pas trouvé la loi de leur harmonie. La raison en est, que chacun d'eux étant nourri par des racines immortelles, il n'est aucun des trois qui puisse être absorbé par un autre, ou consolidé seul au pouvoir. Arrivés à tour de rôles aux affaires, les partis vivent les quinze ou vingt ans

nécessaires pour conduire à majorité les générations
adolescentes, et vérifier l'insuffisance des pouvoirs
que leur nature fait sociaux, que les passions des
partis font exclusifs, en les poussant fatalement à
violer leur principe.

Que veulent les royalistes ? supprimer l'idée républicaine ? c'est la monarchie qui nous l'enseigne
depuis son berceau. Que veulent les républicains ?
abolir la monarchie ? Ce sont eux qui l'ont faite, re-
venant de Rome et d'Athènes pour vivre en paix à
son ombre ; qui ont mis dans sa tête et jeté sur ses
épaules les idées et les formes de l'ordre naturel.
Les royalistes ont-ils rompu avec les quatorze siècles de labeur qui ont remis sur pied la société classique ? Eh bien, ces quatorze siècles de travail, c'est
la monarchie et la démocratie mêlées et confondues
par une éducation de vingt siècles. Ou trouvez la loi
de leur harmonie ; ou donnez la raison légale de
leur divorce.

Les républicains croient-ils à la souveraineté du
soleil et des éléments : à l'influence des forces naturelles sur le génie de l'homme, pour la direction
de l'humanité ? Eh bien, le monde, ses lois, ses lumières, ses harmonies, c'est le génie classique dé-
sormais annexé au génie chrétien. Ou trouvez la loi
de leur harmonie ; ou dites la raison de leur divorce.

Pour réconcilier la tradition et la liberté une
puissance de transaction est nécessaire ; c'est là l'o-
rigine du régime constitutionnel, le dernier rêve de
l'Empire. Mais pour nouer, dans les régions idéales, les harmonies de la raison et de la foi, il faut
planer sur le monde des idées et des croyances c'est-
à-dire qu'il faut être un médiateur de génie. Con-

duit par un homme supérieur, et orienté à ses fins légitimes, le pouvoir, le parti constitutionnel est évidemment plus puissant qu'aucun des deux autres, puisqu'il a l'un pour levier, l'autre pour point d'appui. C'est ce qui explique la puissance des deux hommes par qui le régime moderne fut fondé. Mais si le génie manque au parti de la transaction, qu'on l'appelle parlementaire ou constitutionnel, peu importe ; si un homme supérieur, intelligent des harmonies de la raison et de la foi, et capable de les représenter l'une et l'autre n'est pas là, alors le parti constitutionnel n'est qu'un ramassis de brouillons et de jongleurs (1). La raison en est que la guerre intestine de la république avec la monarchie, ayant pour effet d'étouffer les idées sous les passions, les principes sous les intérêts, elle rend les deux partis impuissants, et leurs symboles méconnaissables comme un camée antique, sous une incrustation pierreuse. Il ne reste alors au gouvernement de transaction, au lieu de principes à concilier, que des consciences à marchander, et des intérêts à assouvir.

Aujourd'hui les demeurants du juste-milieu rêvent le pouvoir par l'écrasement du peuple et l'étouffement des lumières ; c'est-à-dire la confiscation du droit national. Ils ont commencé par diffamer l'armée et faire jonchée du sang de nos braves aux interlopes de toutes les oligarchies avortées. Ils se sont mis au ban de l'Europe. « Les réquisitoires « des Pourcet et des Rivière, dit l'Angleterre, ne pè_ « seraient pas le poid d'une goutte d'eau devant un

____

(1) Voilà pourquoi M. Thiers *ne peut rien pour l'ordre moral.*

« tribunal anglais. — Et l'Allemagne, en chœur ?
« Le duc d'Aumale s'est rendu impossible. » Pourquoi cela Teutons ? En tuant Bazaine, (provisoirement) parce qu'il a ignoré ce que tout le monde ignore ; parce qu'il n'a pas vu où était la France, quand il n'y avait pas de France, au milieu de cette *Herculanum* de ruines où les Hervé de tous les régimes nous ont engloutis ; les hommes du milieu ont cru laver les souillures de la politique dans le sang de l'armée : Ils se sont trompés. Ils ont arraché de leur tombe, pour les reclouer de nouveau, après l'expiation finale, à l'infâmie de leur pilori, les pouvoirs tombés sous le poid des tempêtes, dans ce siècle de révolutions condensées. Sauf que la plupart des gouvernements furent écrasés, non pas pour avoir ignoré où était la France ; mais pour avoir faussé les volontés de la nation, trahi ses droits, son passé, son génie, et fourvoyé son avenir. Et voilà précisément ce qu'on rêve à cette heure en refaisant pour cette belle œuvre le pacte de Danton avec Philippe Égalité.

> Dieu ne recherche point, aveugle en sa colère,
> Sur le fils qui le craint, l'impiété du père.

Non ; mais c'est à condition qu'on ne prendra pas un crime ou une bêtise pour un titre de commandement ; et qu'on ne cherchera pas à bâtir l'avenir de ses rêves dans le sang d'une armée trahie par la bassesse, le mal-vouloir et les imbécilités de la politique des vieux partis. Le spectre d'un pendu et celui d'un terroriste décapité sont un mauvais cortége pour arriver à ce siége du pouvoir où St-Louis a laissé sa justice ; Louis XVI son sang ; et

Louis XIV l'auréole de ce génie qui embrassait le monde, avant que les vingt ans d'athéisme légal l'eussent noyé dans le méphitisme de la Germanie.

Être la licence, et prêcher la vertu ; l'égoïsme, et gouverner le dévoûment ; l'athéisme, et régenter les croyances ; l'avarice et administrer la charité, peut tenter des béâts de *fait accompli* qui prennent leur ambition pour la mesure de leur puissance. Ce monde immonde, trois fois éprouvé, depuis cinquante ans, trois fois renversé, a laissé son génie avec sa carcasse au fond de la mer.

Oui certes, le pacte d'honneur (vous avez contracté avec un homme d'honneur, vous êtes, de force, dans sa loi, il n'est pas contraint par la vôtre), ce pacte permet à M. de la Rochette comme à M. de Rochefort de préparer une solution définitive, mais il ne permet pas de conspirer contre la France réelle, ou de greffer une branche morte sur un tronc sec. Nous avons trêve de Dieu pour retrouver les bases de l'ordre social, non pour les étouffer, sous le privilége. La monarchie, c'est l'unité de la religion, des idées, et de la justice ; l'évolution de ces choses autour d'un axe commun, et tout est à bas. La religion, coupée en deux par la doctrine de l'agneau-bourreau ; les idées clapotantes dans le bourbier réaliste ; la justice écartelée par le privilége : ici son âme avec le peuple qui souffre : là la balance avec la clé d'or qui la fait aller à volonté. Ce n'est pas par la politique que vous retrouverez les bases de l'ordre social dont vous ne voulez pas. C'est par les principes d'ordre et de vérité qui sont dans l'âme de tout le monde, que vous rétablirez l'ordre et l'unité politique dans le gouvernement. Et ces principes, comme autorité de gouvernement, la religion, les lettres, les lois, jonchent la rue. Le dogme souffre, parce qu'il n'arrive pas sur le terrain des idées, pour s'y combiner avec la raison ; comme une artère engorgée à la suite d'une ligature. Les idées s'irritent et se décomposent ; et la raison tourne au torrent, parce qu'arrêtée aussi au passage, elle ne trouve pas son application démocratique sur le terrain civil : parce que le poète ne peut pas créer le citoyen. De là le reflux de la sève rationelle, avec un autre engorgement de vie, c'est-à-dire le délire et la fièvre putride.

Supposer que les lumières et la religion, à cette heure incorporées l'une à l'autre, sont un accident indifférent dans la vie des peuples, sans conclusion sociale, sans application collective ; supposer que les monuments du génie qui ont remué le monde ne sont qu'un mobilier de salon ou de cabinet, est un rêve de traitant dont 93 a fait raison une fois pour toutes.

Les révolutions politiques sont le fruit des transformations religieuses et idéales, et n'en sont pas la cause. La lumière croît, la société grandit, l'influence du génie avec elle, et le génie, les arts et la religion, c'est la société, c'est le peuple en corps et en âme. Vous frappez la liberté dans le peuple ? Vous arrêtez l'épanouissement de la vie publique ? Ce n'est pas en bas seulement que vous faites le ravage. Vous blessez la société magistrale et souveraine, la religion et la raison, vous leur disputez le fruit de leurs œuvres ; et vous supprimez les témoignages de Dieu. Mais vous n'arrêtez pas le monde au gré de vos ambitions. Arrêtées et refoulées, les eaux grossissent et se courroucent. Le fleuve devient torrent et emporte avec vos barrières de sable les bras d'argile qui avaient lutté contre l'élément. Et quand le peuple, *rentré dans l'état* de nature par la violation des lois, *se défend comme il peut*, vous l'accusez d'anarchie ? respectez d'abord l'autorité, si vous voulez qu'il respecte le pouvoir. Ce n'est pas pour engraisser les sept péchés capitaux que le prêtre, le poète et le législateur ont usé leur vie en sacrifice.

Aujourd'hui le parti du *juste milieu* le parti du ventre n'est plus (je ne juge pas l'homme) qu'un dépot d'alluvions, débris de tous les régimes, carcasses de reptiles et autres bêtes de proie qui pourrissent au soleil. Si ce parti arrivait au pouvoir par escalade, effraction ou voie souterraine, les folies de la Terreur nous paraîtraient jeu d'enfants auprès des ravages qu'il accumulerait sur notre France : et tout cela, pour aboutir infailliblement à la cataracte finale. Car la démocratie (qui est d'origine classique et voulue de Dieu) va toujours, (et chrétienne) toujours son chemin. Et s'il se trouvait une majorité capable de méconnaître la trêve de Dieu, qui a croisé sur la tête de la France l'épée de nos soldats pour assurer au pays le temps de se recueillir et de renouer avec son passé vivant; s'il se trouvait un parti capable de livrer la France aux perturbateurs publics qui prétendent rebâtir l'autel de nos pères avec la lie agglomérée de toutes les révolutions de l'histoire, il faudrait signaler ce parti à l'Europe civilisée comme la tête de l'armée du mal.

Catholiques, royalistes, constitutionnels, de part et d'autre c'est la guerre à Dieu. Et je pense qu'il est bon que MM. de la Rochette, comme M. Rochefort-Luçay ; M. d'Aumale, comme M. Gambetta ; M. Veuillot, comme M. Quinet, se disent que le droit qu'ils veulent de fonder un pouvoir en dehors de toute les bases du droit commun, se réduit finalement au privilége d'être impunément escrocs et assassins de grand chemin

Ah ! que l'armée se serre autour de son chef ; qu'elle se presse sous la clé de voûte qui seule empêche l'édifice de crouler sur nos têtes. Il ne s'agit pas d'inaugurer le régime de la force contre les idées ; mais au contraire d'empêcher que l'armée ne devienne l'instrument d'une force aveugle dans les mains des brouillons inconscients qui ne cherchent dans le pouvoir, au nom des principes, que le droit de les violer impunément; et qui sont toujours prêts à brûler la France pour se faire cuire un œuf.

La Presse et la Solution.

Douze polissons parisiens, dit la *Gazette*, font les révolutions ; c'est un peu fort. Douze apôtres en 1789, en 1814, en 1815 ? douze polissons en 1830 ? j'en ai vu chiffrer au moins 221 sur des ballons flottants ; en les multipliant par les sept colléges de Royer Collard, quelle douzaine !

Les révolutions sont faites par les caudataires de l'ancien régime féodal et religieux, à qui, pour gouverner, il faut un Dieu de leur façon, et un pouvoir à leur image. A celui-ci qui clopine, un pouvoir pied-bot ; à celui-là gibbeux, un thersite sur le trône ; à d’autres la peste, la fièvre, la lèpre : rien de social et de chrétien chez les théoriciens du *fait accompli,* puisqu’ils insultent tout ce que Rome honore ; rien de français chez eux, parce qu’ils font table rase de l’histoire et de tous les monuments de sa grandeur.

Sur quels fondements bâtira-t-on les lois constitutionnelles, et que prétend-on constituer ? Le culte de Dieu ou l’athéisme légal ? le droit de l’homme, ou l’écrasement de l’homme ? Pour édifier par la religion, il faut d’abord que la religion s’affirme : renaissance ou décadence. Pour bâtir avec les idées, il leur faut une base, la base radicale de la raison, le type classique. L’autorité classique est-elle autorité ou mensonge ? Bâtir un pouvoir sans lui donner l’autorité pour base ; historier un ordre politique sans se douter des principes de l’ordre social, voilà l’inguérissable cauchemar qui prolonge l’orgie babylonnienne, et les révolutions politiques.

Ils sont bons, avec leur sainteté de la propriété. La terre et le marc inviolables, quand vous dilapidez le patrimoine moral du genre humain ? Regardez cet homme qui s’enfonce en plein Océan, accroché à ses lingots ; tant vaut l’homme, tant le métal. « Ce » n’est pas le gage matériel qui fait la sécurité des » États, c’est la justice, » disait Chateaubriand à la Chambre des Pairs. Quelques jours plus tard, 1830 vérifiait la prophétie.

Sur quel terrain va-t-on donc bâtir l’avenir de la France ? Sur un sol qui fuit comme la lave chassée par la lave ; avec quels matériaux ? Avec les débris de toutes les voiries de l’histoire. Que bâtira-t-on ? Un lazaret, un hôpital, une prison d'où s'échapperont, plus tôt ou plus tard, ces Euménides courroucées que Dieu déchaîne aux jours de sa colère pour venger ses lois insultées. On fera, pour trône, un lit de Procuste, où la Société, amputée de ses quatre membres, débarrassée de ses yeux, de ses oreilles, de sa langue, sera rendue sage. C'est ce que vous croyez, le verre à la main, quand l'humanité souffre mort et passion. Détrompez-vous. L'égalité chrétienne foulée aux pieds, l'égalité classique proscrite et maudite, n'éteignent pas leur flambeau ; seulement, ce flambeau devient torche. Les deux filles de Dieu rentrent dans leur nature : une forme parfaite, un principe absolu, pour condamner et détruire tout ce qui n'est pas elles. D'un côté Savonarole ; de l'autre Babœuf.

La France croule sur sa base, parce que l'édifice s'élargit, et qu'on ne veut pas voir que le plan de l'édifice en s'étendant ne change pas. La France croule sur sa double base radicale, le dogme chrétien et la forme classique ; parce que l'union est rompue entre les deux foyers de son génie. Où est Dieu ? *Agnus typicus* ? Où est l'homme ? *Homo sum* ? Le dogme frustré de sa forme légitime, le beau, perd avec lui l'hygiène classique et toute sa vertu extérieure d'application. La poésie, sevrée de son âme chrétienne, perd avec l'hygiène catholique, toute sa vertu intrinsèque de rénovation. Sur cette base ébranlée, le monde moral tourne en ruine et l'Europe qui croule sur les bras de la France, cherche en vain dans les abîmes du passé les deux points de l'horizon où le méridien se repose. Elle voit le cahos et la nuit.

L'Université, par ses philosophes ; l'Académie française par ses poètes, ont réformé l'Europe. C'est à la presse, par ses publicistes, quand elle aura retrouvé son orientation idéale et religieuse, à remettre debout le monde pensant.

Solution religieuse : l'Église de France, le premier médiateur de la restauration classique est la prolongation du Vatican. L'église ultramontaine (dont le titre et le nom sont une usurpation), est l'ennemie de Rome, puisqu'elle en diffame les œuvres. Amalgamée avec les débris de l'ancien régime, elle compose le polype que la société porte au cœur et qui la tue. Aucun évêque ne veut le mal ; mais aucun ne peut le bien (1). Le catholicisme est

---

(1) Il y a six mois, Son Em. le Cardinal Donnet félicitait chez elle, une maîtresse de pension, en lui serrant les mains, des soins qu'elle se donnait pour l'éducation des enfants qui recevaient l'enseignement de son mari. Un prédicateur a répété les mêmes témoignages dans un bourg voisin. Le vénérable prélat aurait désiré voir le chef de la maison; » mon mari, » fut-il répondu, « a souffert de telles injustices de ceux » qui vous représentent ici, qu'il fuit les occasions où ses amertumes » pourraient éclater. « Mais c'est une affaire qu'il faut régler, Madame, » ici, au couvent, dans un mois, j'y dois revenir, et nous réglerons cela. »

Si on eut permis au vénérable prélat d'être fidèle à sa parole, il aurait appris comment on attire un professeur blanchi sous le harnais dans une école en souffrance, pour lui glisser sur les épaules un fardeau disproportionné avec les forces d'un homme — neuf heures d'enseignement par jour. — Comment, après avoir épuisé le dernier souffle valide de sa poitrine, et la dernière goutte de son or ; après avoir reconnu qu'il lui était dû *une indemnité proportionnée à son zèle pour le travail qui l'avait épuisé, rendu malade, exposé à de fortes dépenses, ce travail ayant dépassé grandement les conventions ;* comment, dis-je, on avait fait à sa famille la situation que nos aïeuls épargnèrent aux prêtres proscrits de la terreur. Il aurait appris se qui se passe dans une maison où l'antiquité (que l'on enseigne) n'est pour le chef, qu'une s. pe. — le sous-vaurien de l'*Univers,* — et où le mensonge et la révolte sont mêlés tous les jours à la prière.

Ces misères tombant sur une famille dont les parents se dévouèrent

gouverné par les jésuites, acharnés *à relever ce qui
ne peut* l'être : la caste et l'octroi ; et à détruire ce
qui ne peut mourir, le droit et la liberté. M. Veuillot, leur capitaine de paroisse, narguant la presse
de Paris, lui tient ce langage : « comment, voilà,
» selon vous, dans un coin de Paris, un homme qui
» depuis trente ans fomente la guerre civile, et cet
» homme reste debout ? quand on a contre lui l'arme
» souveraine du désabonnement ? » Répons :

En défendant l'Église contre la Mairie (deux
choses d'ailleurs de commerce impossible par
la doctrine de l'*Univers*), M. Veuillot a pour lui la
foi des mineurs, la foi d'instinct, c'est-à-dire la
pierre la plus solide du temple où la civilisation a
refleuri. En livrant à d'autres mineurs, sans raison
et sans foi, la société du génie, il flatte l'humanité
du mal dans ce qu'elle a de plus subtil, l'orgueil de
l'esprit ; et le plus universel, l'orgueil de l'argent.
Il a pour lui Turcaret et le prêtre du village ; d'où
suit, qu'aux jours d'orage, la religion du pauvre
couvre de ses ailes le veau d'or, et que la main qui
broie le carmin des lorettes verse l'encens à la pro-

pour arracher les prêtres à l'échafaud, et sur une autre famille qui
vivait en paix quand la religion de despotisme et d'orgueil s'assit à ses
foyers et s'en fit un fief — ceci est du diocèse de l'Aude ; — ces misères
sont une double méprise, elle est lourde.

Il était dû :

1° Pour leçons préparatoires, et d'après le tarif de l'école, 900 fr. —
il en fut payé 180 ;

2° Le traité de deux classes, 5° et 6° ;

3° Celui de trois cours de français — tout ceci en dehors de l'agenda
particulier du professeur — quatre cours d'histoire.

« Ma pensée, écrivait un prêtre. se reporte souvent du saint autel sur
» votre famille ; sur... et en particulier sur l'innocente victime qu'il plut
» à Dieu de confier à votre amour et à votre infatigable dévoûment. »

(Le directeur de l'école.)

cession. Ne voilà-t-il pas le tambourin et le goupillon, bras dessus bras dessous, qui s'en vont chantant, sur les buttes Montmartre, l'un : Nous n'avons à... fai....re que notre..... sa....lut. — l'autre : *O blanc panache, ô fleurs de lys*.... Après quoi, les deux vert-galants tirant à qui mieux mieux, sur la tête de la monarchie, qui le blanc, qui le noir, ne laissent pas un seul cheveu à cette pauvre tête. Les prélats ultramontains, M. Plantier en tête, qui déclarent la guerre au genre humain à propos de Rome, doivent se dire, que si Rome est à bas, c'est qu'ils l'ont bien voulu ; et que si la France, en travail d'enfant a été victime d'un guet-à-pens sans exemple dans l'histoire, ils ont, eux-mêmes, livré la clé de la maison aux ravageurs. Et si la presse française n'a pas abdiqué sa nationalité aux pieds du canon Krupp, elle sentira la nécessité de résoudre, contre les royautins et les ultramontistes, ce dilemme : ou Rome est à bas pour son œuvre classique, qu'ont voulu nos prêtres et nos rois, ou les renieurs de l'œuvre sont hors de l'Église.

La solution politique : Constituer au centre de l'État, comme autorité dirigeante l'idéal évangélique par qui fut produit ce qu'il y a de plus héroïque sur la terre « G. Sand », et mettre en mouvement autour de l'axe chrétien les forces nées du type classique, le point de repère de l'humanité « Prudhon », pour déduire de l'économie naturelle la loi de l'économie sociale : Alors on trouvera la répartition de la richesse publique, conformément à la justice écrite, au frontispice de l'histoire : « Donne-moi la terre et je la range à ta loi. » Ni chevau-légers, ni talons rouges dans le contrat de Clovis.

La solution philosophique et littéraire : Retrouver l'emploi de la matière classique, et le culte de nos Dieux indigènes tombés de l'autel et couchés sur le pavé comme les orphelins de Saint-Vincent ; recomposer avec l'héritage juif, grec et romain, la *religion naturelle*, hors de laquelle la philosophie, et pour cause, ne vaut pas le fétichisme ; fonder la religion philosophique, le recruteur universel des croyances. Elle n'est pas le Phénix des révolutions mais la fille du Vatican, cette chambre nuptiale du génie chrétien et de la muse antique.

La génération des trois cultes classiques sortis primitivement du même foyer de lumière, et refleuris par nos trois renaissances, prouve l'existence de Dieu ; la réalité du plan providentiel qui gouverne le monde sans contraindre la liberté, et fait peser sur la pensée de l'homme le sentiment de la présence divine, seul contre-poids de toutes les folies.

Nous avons donc à désencombrer le lit de l'histoire universelle, qui n'est qu'une confusion de torrents, pour retrouver l'unité de la destinée humaine. Nos avons à faire connaître à l'Europe la généalogie de notre Histoire de France, qui donne la clé du temple, la doctrine de la raison, les formes de l'égalité, l'hygiène de la liberté. Nous avons à prouver l'identité du *beau* et du vrai qu'expose le Vatican; à réconcilier Rome avec Paris, Paris avec la France, et la France avec l'Europe par l'autorité universelle qui domine tout : le génie classique devenu chrétien, et la raison expérimentale de l'humanité. Le temple fume et n'éclaire pas ; le musée n'est qu'un ossuaire ; le lycée un club de mineurs; l'éducation clapote ; les facultés sont vides;

*

l'âme de la France est absente. C'est à la presse à rompre ses attaches. Sa place n'est pas à la queue des partis mais à la tête des idées. Le monde politique relève du monde pensant, et ne le gouverne pas. C'est à la presse française à remettre les choses à leur place, du chef des autorités, génie et foi, qui commandent la vie.

Pendant que j'écris ces paroles, l'*Univers* est frappé. J'ai rencontré M. Veuillot sur le champ de bataille où il frappait à tour de bras, où j'étais écrasé par les fanatiques de son drapeau. L'homme public n'est qu'une *collection de phénomènes ;* c'est de cet homme que j'ai parlé. Quant à la doctrine, ce n'est pas à la Prusse, c'est à l'épiscopat français de résoudre le problème ultramontain. Quand la France exposait les harmonies de la religion et des arts, le roi de Prusse disait à M. de Chateaubriand : « Vos » leçons nous ont appris à remeubler nos temples. » ce qui signifie : Vous nous avez enseigné la prière. Le travail latent de la raison ramenait le monde à la foi : l'*Univers* et ses évêques ont intercepté ce travail ; la Prusse, — celle de de la reine Louise — a droit de se plaindre d'une doctrine qui lui coupe ses voies de retour au centre chrétien.

Quant à la Prusse athée et brutale, ce n'est pas avec la France qu'elle est en guerre, c'est avec l'Europe civilisée, avec l'Allemagne du génie que la Prusse tient aux galères, car cette Allemagne là, — Goethe, Lessing, Leibnitz et d'autres, — sachant qu'il faut une tête à la caravane humaine, comme il faut un chef à la famille et à l'État, ne voient pas d'autre tête à la caravane sociale que la France ; et ils disent pourquoi. En poursuivant en Autriche des prélats qui défendent la liberté de conscience, M. de Bismarck oublie qu'ils sont frères des évêques classiques, que les uns et les autres sont la racine de l'arbre dont les fruits nourrissent le monde, et que la Prusse en a profité plus qu'aucun. Ce n'est pas la Prusse qui a remis à neuf nos temples français; c'est la France qui a remeublé les oratoires des rois de Prusse.

Le chancelier n'a pas qualité pour refaire la vie de son roi, encore moins pour enseigner aux enfants le mépris de leur mère, ou le mépris des principes qui ont soutenu sa vie. La reine Louise croit à la justice, elle ne croit pas au droit de la force : et le chancelier n'a pas étouffé dans sa tombe son testament. Il n'imposera pas à l'Europe une politique en révolte contre Dieu par l'athéisme ; contre l'humanité par le droit de la force. La Russie, l'Autriche, l'Angleterre, l'Italie, qui reçoivent les brandons de l'incendie germanique, comprendront bientôt la nécessité de se protéger contre une politique qui forge un peuple entier en engin de guerre; fait main basse sur les consciences des peuples pour imposer des principes de désorganisation sociale qui feraient du monde un bagne démuselé.

La presse française a mission de donner le signalement de la civilisation et de son contraire : l'humanité du mal. Elle a devoir de démontrer à l'Europe que la co-ordination du monde classique avec le monde chrétien compose la puissance organique de la civilisation; et que l'athéisme légal co-ordonné avec la force brutale est le foyer des perturbations du monde.

Si la presse de Paris doit place au feu et à la

chandelle aux éclopés de nos 50 ans de révolutions, je tracerai, ne fut-ce que par une ligne de roseaux, la voie qui conduit hors de l'enceinte où la France étouffe. La Béotie a ses jours de combat, et toute blessure est une parure.

Mme DE LUZ.

La patience, la croyance aux choses qui durent sont ici des vertus d'outre-tombe que je signe de leur nom, pour rendre à César ce qui est à César. Les blessés d'une certaine façon ne sont qu'un projectile de guerre.

PIÈCES JUSTIFICATIVES

Humanus mores nosoe volenti... Je parle de mœurs judiciaires, un prétoire suffit.

J'ai dit la thèse publique : *Six militaires* défendaient l'État,.... leur famille était dévorée comme un enjeu électoral.

La thèse civile? un bien dotal, et patrimonial, mis en pièces comme une épave du moyen âge.

L'instrument? un clan de pirates entamé en cour d'assises, et attaqué à domicile à coups de fusil.

Les moyens ? le vol et le faux, passant de main en main comme une monnaie de cours. Je mets les points sur les i : « Par devant nous....
» Madame...... vend la quantité d'environ 1 h. 3 a. 40 c. On ne paie pas.
» Le champ sera arpenté, et le prix augmentera ou diminuera, selon
» qu'il y aura plus ou moins de terre que la contenance ci-dessus
» énoncée. » En écrivant *1 h. 3 a. 40 c.*, on copiait la matrice cadastrale. Le mot *environ* et le mot *on arpentera* ne sont qu'un chausse-trappe sous les pieds de la victime. Deux jours après, on l'emporte à 12 kilomètres pour lui faire signer de force la pièce suivante : « Par devant   Mém. n° 2
» nous....., la dame..... déclare avoir reçu, un moment avant ces pré-   p. 7.
» sentes, — dans la rue, entre deux vauriens; — la somme de 2.227 fr.
» qui lui était due pour le prix de la vente qu'elle consentit... » Un gémissement de la victime, répété par le cri public, m'arrive dans la Gironde. Au total, 40 ans de brigandage, 150,000 pillés à force ouverte, quatre orphelins jetés à la mer pour traverser la vie comme une épave chassée par les vents sur l'abîme ; chacun avec son drame dont le souvenir fait trembler ma main.

Les Cours d'appel? « Ici, les affaires sont expédiées avec une telle
» rapidité que souvent on n'a pas le temps de préparer ses moyens de
» défense.... Il faut consentir au classement pour plaider au premier
» jour, le jour même, pent-être, vu le manque d'affaires. » Rien de   Mém. n° 3.
plus magistral. En première instance, on refuse les pièces. En cour
d'appel, on juge sans pièces. Ce n'est pas le prétoire qui est fait pour la Société, c'est la Société qui est faite pour le prétoire. Et parce que les affaires manquent, on ne prend pas le temps de savoir ce qu'on fait. Préteur romain, combien distancé par notre logique !

Il est beau et social de voir un honnête homme poignardé en plein soleil, dans la rue, la loi regardant; les *gens comme il faut*, s'amusant du spectacle. Et que la famille et la propriété sont bien gardées dans ce paradis de Robert Macaires! « Depuis 40 ans, ai-je dit à M. de Franclieu,

» je lutte contre le bandit public qui dévore la France. » Aujourd'hui, ce bandit est là, Minerve armée, dans le cerveau de la politique, qui prétend imposer à la France un nouvel *avatar* du fait *accompli*, reverdi dans le sang et la bassesse.

Ainsi le monde change, le prétoire immuable, brave les révolutions du droit et de la liberté ; les pouvoirs tombent pour n'avoir compté que sur eux ; le Juge, immobile, comme la borne du chemin, juge sans voir et savoir, sans regarder et entendre ; il juge, et condamne par défaut, celui qu'on vient d'assassiner dans la rue, et qui n'a plus, pour payer l'entrée du prétoire, l'argent qu'on lui a volé sur le carrrefour. Nous servirons l'État, et nous serons saccagés ? Ils vivent de brigandage, et les lois ne seront dans leurs mains qu'une machine de guerre ? Quarante siècles de génie aux pieds d'un coquin de grand-chemin ! Et le dévouement, scellé du sang de nos soldats, n'aura d'autre fin que d'assurer la sécurité des repaires où leurs familles sont dévorées ! Montrez-nous donc les garanties qui nous séparent de l'État sauvage. Allez, de rang en rang, demander à l'armée ; allez, de village en village, d'atelier en atelier, demander au peuple s'il n'est pas temps que ce scandale finisse.

Voilà le drame qui crie justice ! Et que serait-ce si je le suivais de coupe-gorge en coupe-gorge ! L'origine du désastre (1), l'enchaînement des ravages, la solidarité des pouvoirs qui l'ont voulu, en font un crime politique. Et je viens savoir s'il y a des lois en France, s'il y a des hommes de probité en France ; je viens savoir si l'Assemblée se doute que la solidarité du pouvoir avec les honnêtes gens, — je donne à ce sujet un signalement de premier ordre, — est une base de gouvernement un peu plus solide que sa complicité fatale, mais inévitable avec les malfaiteurs.

Aujourd'hui, 25 janvier, je vois, répété par M. de Broglie, l'appel de M. Beulé après le 24 mai. Le père du Ministre disait un jour à la Chambre des Pairs : « *L'Histoire et la philosophie à la main*, » voilà la raison de notre politique. Puisque l'histoire n'était pas une ontologie pour le père, le fils en reconnaîtra sans doute l'autorité. L'histoire et la philosophie nous apprennent que l'alliance du monde classique avec l'Évangile a pour objet l'harmonie de l'ordre naturel avec l'ordre chrétien, par le dogme, la poésie et la loi, les trois formes de la raison et de la justice ; que ces choses, incarnées dans nos philosophes, nos poètes, nos législateurs, sont tout le progrès de l'histoire dont l'égalité civile est le couronnement. Le droit de l'homme n'est pas un morceau de papier noirci autour duquel une procession de robes noires ou rouges vient faire le salamalec, c'est l'histoire en masse qui se lève en sonnant le réveil des peuples : *homo sum ;* c'est le résurrecteur des morts qui va,

---

(1) Un Procureur du Roi qui fait concurrence à tous les pouvoirs : la loi contre la loi.

de cabane en cabane, de ville en ville : voilà ton âme, l'âme chrétienne ; voilà ton corps, l'homme classique ; voilà ta loi, la loi romaine ; l'égalité sans frais et sans charité. L'histoire nous dit, — et je résume ces amas de paroles entassées à la hâte comme un mobilier encombrant: — 1º que la Société repose sur deux bases radicales où chacun a droit de chercher appui ; 2º que la révolution, qui part de l'autel ultramontain, n'est autre chose que la violation de l'alliance chrétienne et classique, la justice universelle de la civilisation ; 3º que les partis politiques, sans commerce de doctrine, avec les deux autorités, mères de l'ordre social, ne sont qu'une variété d'anarchie et de despotisme. Eh bien! je défie M. de Broglie de pouvoir compter sur les honnêtes gens, tant que la machine juridique, vieille roue rompue, les laisse sous la main des bandits. Jamais le Maréchal-Président, cloué en place dans l'écroulement de l'édifice, par la main d'en haut, ne désertera le poste d'honneur où la France l'a mis; tant qu'aucun des partis de l'Assemblée n'aura trouvé la filiation de la justice, fille des lumières, fille de la foi divine, jamais il ne commandera aux enfants de fusiller leur père et leur mère, leurs frères et sœurs, demandant justice ; jamais l'armée ne sera remise au service des hypocrites scélérats qui font proie de la fortune publique et de la fortune privée.

Bordeaux. — Imp. A. Pérey, rue Porte-Dijeaux, 43.